2022 年第

民国文献研究

国家图书馆民国时期文献保护工作办公室　编

国家图书馆出版社

图书在版编目（CIP）数据

民国文献研究．2022 年．第 1 辑：总第 1 辑 / 国家图书馆民国时期文献保护工作办公室编．— 北京：国家图书馆出版社，2022.10

ISBN 978-7-5013-7576-9

Ⅰ．①民…　Ⅱ．①国…　Ⅲ．①中国历史—文献—研究—民国　Ⅳ．① K258.07

中国版本图书馆 CIP 数据核字（2022）第 152739 号

书　　名　民国文献研究（2022 年第 1 辑　总第 1 辑）
编　　者　国家图书馆民国时期文献保护工作办公室　编
责任编辑　李　强　王　晓　王亚宏　陈　卓　王锦锦　吕若萌　孟颖佼

出版发行　国家图书馆出版社（北京市西城区文津街 7 号　100034）
（原书目文献出版社　北京图书馆出版社）
010-66114536　63802249　nlcpress@nlc. cn（邮购）
网　　址　http://www. nlcpress. com
印　　装　河北三河弘翰印务有限公司
版次印次　2022 年 10 月第 1 版　2022 年 10 月第 1 次印刷

开　　本　710 × 1000（毫米）　1/16
印　　张　14
字　　数　222 千字
书　　号　ISBN 978-7-5013-7576-9
定　　价　88.00 元

《民国文献研究》编辑委员会

发刊词

在国家图书馆“革命文献与民国时期文献保护计划”实施十周年之际,《民国文献研究》与长期以来关心、关注革命文献与民国时期文献保护工作的广大同仁见面了。这一集刊的问世，旨在进一步加强革命文献与民国时期文献保护的学术性、理论性研究，及时反映国内外相关文献在调查、整理、考证、研究、解读等方面的最新进展和研究成果，总结各方工作之经验，荟萃学界百家之思想，共襄民国文献保护与研究之盛举，擘画事业发展之未来。

民国时期是中国历史上短暂而重要的历史时期。这一时期马克思主义在中国广泛传播并同中国革命具体实践相结合，中国共产党从小到大、由弱到强，领导中国人民夺取了新民主主义革命的伟大胜利；同时，东西文化交融碰撞，新旧观念交锋冲突，各种思想在近代中国走向现代化的过程中纷纷登场，影响广泛。民国时期文献全面记录了中国共产党带领中国人民争取民族独立与人民解放的光辉历程，记载了中国近代历史的风云变幻，是开展爱国主义教育的生动教材，因而保护、整理、研究这些文献不仅具有重要的历史价值、学术价值，更有重要的现实意义。

有鉴于此，国家图书馆于2011年联合业界共同策划了“革命文献与民国时期文献保护计划”，2012年项目获国家财政支持，正式启动。十年来，“革命文献与民国时期文献保护计划”坚持以习近平新时代中国特色社会主义思想为指导，贯彻落实习近平总书记关于哲学社会科学工作的重要论述，坚持辩证唯物主义和历史唯物主义世界观，坚持马学为体、国学为根、国情为据、党情为要，科学规划、稳步推进，呈现出不断繁荣发展的局面，在文献普查、海内外文献征集、文献整理出版、专题数字资源库建设、宣传推广和人才培养等原生性和再生性保护方面取得了丰硕成果，较好地发挥了行业引领作用。

《民国文献研究》集刊希望作为革命文献与民国时期文献保护工作的交流平台、合作平台、研究平台，团结广大专家学者凝神聚力，集思广益，推出能够回应国家重大关切、引起学界深远回响的高水平成果。热忱欢迎国内外学者慷慨赐稿，群策群力，共同推动革命文献与民国时期文献保护工作更上一层楼，为促进新时代文献学繁荣发展、建设社会主义文化强国贡献力量。

马　静

2022年10月

目　录

CONTENTS

民国文献整理研究

馆藏介绍

革命历史文献研究

《资本论》的译述与王亚南的马克思主义传播和接受之路

周　荣*

摘　要： 王亚南在青年时期由翻译《资本论》步入学术之门，这种选择虽然有一定的偶然性，但也与思想、学术剧变和救亡图存的时代背景密切相关。书籍出版和报刊等新媒体的崛起，使王亚南得以将翻译事业和人生追求、学术探索等目标融为一体。王亚南的世界观在翻译《资本论》的过程中也发生了深刻的变化，而中国共产党的帮助和引导则直接为他铺平了学术道路。国情、时局和政党等诸种因素促成王亚南自觉运用马克思主义原理对中国经济和社会进行探索。王亚南的学术人生本身就是马克思主义与中国实际相结合的一个成功范例，他在求索路上留下的大量论著是宝贵的思想和学术遗产。

关键词： 王亚南；《资本论》；民国报刊；马克思主义传播

王亚南（1901—1969），原名际主、直淮，号渔邨，是马克思主义理论在近代中国的传播者、思考者和总结者，是中国著名的马克思主义经济学家和教育家。他一生勤于学习，笔耕不辍，留下译作、著作40余部，论文300多篇。这些论著充满真知灼见，至今仍闪耀着智慧的光芒。近年来，学界越来越重视对王亚南论著的整理和研究，越来越注重挖掘这些论

* 周荣（1968—　），男，武汉大学中国传统文化研究中心、武汉大学古籍保护暨文献修复研究中心研究员。

著中的思想和学术价值，虽然涌现了不少成果①，但仍有一些值得深思的问题。诸如：为什么一位来自乡村、没加入任何党派组织的贫困青年转而成为马克思主义学说在中国系统传播的里程碑式人物？为什么一位教育学专业、并没有深厚理论基础和学术积累的大学生在毕业后迅速成为中国马克思主义研究的权威？为什么他毕生从事马克思主义经济学研究，却在晚年才正式加入中国共产党？自然，这其中既有时代的因素，也有个人的特殊际遇，对这些问题也可以从不同的角度来寻找答案。本文试图以《资本论》的译述为线索，立足于对王亚南先生民国年间著述的梳理，在民国文献的脉络中，更立体地解悟他的马克思主义传播和接受之路。

一

清光绪二十七年（1901）王亚南出生于湖北黄冈县团风镇王家坊村一个破落地主家庭，他出生和求学的时代正是中国社会新旧交替、教育制度发生深刻变革的时代。和王亚南年龄相仿而有机会接受教育的一代人，其早年经历有一个共同的特点：即大多在童年阶段接受传统的私塾教育，而在青年时期接受新式的学校教育。王家家境并不宽裕，但开明的父亲还是在5岁那年把他送入了私塾，使他受到了传统典籍的浸润，熟读了《论语》《诗经》《左传》《国语》《史记》等大量经史典籍。中华民国成立的那一年，父亲王凤庭病逝，11岁的王亚南面临辍学的危险，但他非常幸运地得

① 自20世纪80年代至今，王亚南文集比较大规模的编纂有5次，即《王亚南经济思想史论文集》，上海人民出版社，1981年；《王亚南文集》，福建教育出版社，1987年；《社科学术文库·王亚南文选》，中国社会科学出版社，2007年；《中国近代思想家文库·王亚南卷》，中国人民大学出版社，2015年；《王亚南全集》，厦门大学出版社，2021年。王亚南的《中国经济原论》《中国官僚政治研究》等代表作则多次由不同的出版社整理出版。对王亚南的研究也从多角度展开，除传记性记述外，也有一批对其学术思想进行总结的论文，例如陈克俭：《“以中国人的资格来研究政治经济学”——王亚南对〈资本论〉的学与用》，《福建论坛》1984年3月；孔繁坚：《有中国特色的马克思主义政治经济学的历史探讨——40年代初郭大力、王亚南的研究成果概述》，《上海经济研究》1987年第6期；陈其人：《马克思主义发展经济学在中国的产生——重读王亚南和郭大力有关著作的笔记》，《复旦学报》（社会科学版）1994年第4期；陈克俭：《王亚南对创建中国经济学的历史性贡献及其启示——纪念王亚南诞辰100周年》，《东南学术》2002年第1期，等等。

到了家兄的支持，于次年进入黄冈县高等小学堂学习，毕业时又以优异成绩考入武昌第一中学。家庭变故和家道衰落使王亚南深知求学不易，因而从小养成了刻苦用功和自强自立的好习惯。从中学阶段开始，他在发愤苦读的同时，还挤出时间去做家教来挣取学费和生活费。民国十年（1921），他考入武汉中华大学教育系，课余在校外兼任英语教员。从相关回忆录中可知，当时做兼职家教并不容易，通常要“托亲拜友”，且上课的地方离学校较远。所以，学生时代的王亚南经常是“白天读书，晚上教书，夜半温书”①。总之，中学和大学时的王亚南与许多来自农村的贫困生一样，有着一种强烈的愿望，即通过读书改变自己和家庭的命运。

这位渴望改变命运的青年学子何以走上了马克思主义研究和传播的道路？言及马克思主义在中国的传播，此前的论述多从政治史的角度切入，主要集中于马克思主义的学说体系与中国工人、农民运动相结合而催生的社会变革或革命运动。尤其是俄国十月革命、中国共产党成立等重要事件发生之后，“南陈北李”以来作为政党信仰的思想建设和对外宣传成为马克思主义理论学说在中国传播的主流叙事，20世纪40年代最有代表性的表述，如毛泽东所言，“十月革命一声炮响，给我们送来了马克思列宁主义”②，“中国共产党的二十年，就是马克思列宁主义的普遍真理和中国革命的具体实践日益结合的二十年”③。这些论述虽然正确地把握了马克思主义在中国传播的实质，却未深入说明不同阶层、不同出身、不同经历的普通民众在人生的不同阶段是如何接触、追求和接受马克思主义的。回顾马克思主义在中国传播的历史可知，在民国很长一段时期内，马克思主义是作为一种普通的经济、社会学说被人们了解和接受的。20世纪初中国人了解马克思主义的主渠道是日本，在当时的“留日热潮”中，寻求富国强民之路的中国留学生创办了一批刊物，翻译了一批专著，将包括社会主义在内的西方新思潮介绍到国内。例如，清光绪二十六年（1900）创办的《译书汇编》便登载了相当数量的宣传社会主义的著作。另据论者统计，从光绪

① 王岱平：《生活，人格，精神——琐忆我的爸爸王亚南》，《厦门大学学报》（哲学社会科学版）1979年第1期，第145页。

② 《毛泽东选集》第4卷，人民出版社，1991年，第1471页。

③ 《毛泽东选集》第3卷，人民出版社，1991年，第795页。

二十八年（1902）到光绪三十年（1904），译自日本的介绍马克思主义社会学说的著作至少有《广长舌》《社会主义》《近世社会主义》《社会党》《近代社会主义评论》《社会主义神髓》《社会主义概评》《新社会》等8种。光绪二十六年（1900）至光绪三十二年（1906），留日学生翻译日本人的社会主义著作多达20种[①]。

各种西方思想学说经留日学生的翻译源源不断地进入国内，又经国内报刊和出版物的宣传，深深影响着那个时代的青年。王亚南的中学和大学时代，正是新文化运动如火如荼、思想和学术大变动的时代，也是书籍出版和报刊等新媒体乘势崛起的时代。在王亚南出生的二十世纪初，梁启超已将“学生日多，书局日多，报馆日多”视为混浊、黑暗之中的“一线光明”[②]。王亚南大学毕业的二十年代，更是一个“欲凭文字播风潮”的时代，各类出版机构、报刊所出版发行的书刊报章成为推进中国近代社会变革的巨大影响力量。不管编纂者的立场观点如何，这些出版物之中贯穿着一个共同的主题，即救亡图存：为千疮百孔的中国找到一条摆脱危机、健康发展的道路。马克思主义思想是那个时代最先进的思想，但并非舆论和出版的主流。马克思主义思想的光芒被隐藏、裹挟在鱼龙混杂的读物和声音当中，等待着有缘者来探赜索隐并发扬光大。王亚南很幸运地成为这样一位有缘者。查阅他的传记资料可知，民国十五年（1926）大学毕业后，王亚南曾在武昌私立成城中学谋得教职。几个月后，因成城中学停办，王亚南失业。他又只身奔赴长沙投入北伐军，旋即遭遇“大革命”的失败。王亚南怀着悲愤而失意的心情回到武昌，因谋职未果，又远赴上海，终因生活所迫，辗转到杭州，栖身于大佛古寺中求得温饱。“冷酷的现实给王亚南极大的教育，他开始思考青年的前途和国家的命运问题。”[③]不过，王亚南

① 参见李坚、章军：《日本还是俄国——论马克思主义传入中国的主渠道》，《沈阳师范学院学报》（社科版）1996年第2期；孙景峰、苏全有主编：《马克思主义在中国》，内蒙古大学出版社，1998年；钟家栋、王世根主编：《20世纪马克思主义在中国》，上海人民出版社，1998年，等等。

② 梁启超：《敬告我同业诸君》，《梁启超全集》，北京出版社，1999年，第969页。

③ 甘民重、林其泉：《王亚南传略》，《党史资料与研究》1987年第4期，第22页。其他传记还有周元良、胡培兆：《王亚南传略》，《晋阳学刊》1980年第6期；华杉等：《播火者——王亚南》，《湖北档案》2002年第9期；王增炳、余纲等编：《王亚南治学之路》，福建人民出版社，1984年，等等。本文关于王亚南生平的叙述，如无特殊说明，主要来自这些传记。

当时的计划是写一篇自传体的长篇小说，一方面思考人生的求索之路，另一方面换得糊口的稿酬。而就在此刻，他邂逅了生命中的第一位“学术引路人”——郭大力。作为同样流落于大佛寺的失意青年，郭大力对前途命运的思考比王亚南要理性得多。郭大力是江西南康人，民国十一年（1922）从赣州中学考入厦门大学化学系，后随迁上海大夏大学，受大夏大学李石岑教授影响，他放弃化学专业，转攻哲学。在进步师生的影响下，郭大力积极参加学生运动，并对《资本论》产生了浓厚的兴趣。“大革命的失败，对郭大力震动很大，他下定决心要翻译马克思的《资本论》，把马克思这部伟大著作完整地介绍给中国人民。”[①]郭大力的计划点燃了王亚南的心灯，外语本来是王亚南的优势，他大学时辅修过英语专业，课余一直兼做外语教师。更重要的是，郭大力的理想把个人的奋斗与国家民族的前途命运联系起来，提升了王亚南的思想认识。诚如论者所言：“这种认识，比起他到长沙参加北伐时主要基于直感的生活经验与爱国热情，向前跨进了一大步。”[②]在与郭大力促膝谈心之后，王亚南打消了创作小说的念头。在大佛寺的古佛面前，他们发下了全文翻译《资本论》的誓愿，并商定了一个庞大的翻译计划。可以说，郭大力不仅将王亚南引上了职业翻译之路，也引上了马克思主义政治经济学的研究之路。

二

两位青年在大佛寺相遇时，王亚南27岁，郭大力23岁。青年人特有的豪情和志气在一定程度上抵消了他们对将要面临的困难的畏惧。即使用今天的眼光来看，初出茅庐的青年以一己之力全文翻译《资本论》也几乎是不可能完成的任务。据研究，当时翻译《资本论》至少面临着三重困难：一是经济上的困难；二是政治上的风险；三是知识准备的不足[③]。粗略梳理一下《资本论》进入中国的早期文献资料便可知道其难度有多大。早在清末，蔡尔康、梁启超等人即在相关著述中提及《资本论》一书。《资本论》

① 赖荣福、朱心佺：《郭大力传略》，《南康文史资料》1987年第1辑，第6页。

② 甘民重、林其泉：《王亚南传略》，《党史资料与研究》1987年第4期，第23页。

③ 胡培兆、林圃：《〈资本论〉在中国的传播》，山东人民出版社，1985年，第132页。

在中国的真正传播约可追溯到二十世纪初，朱执信先生是最初的译介者之一。光绪三十二年（1906）朱执信以“蛰伸”为笔名，在《民报》上发表《德意志社会革命家小传》一文，文中对《资本论》做了简要介绍。民国元年（1912）上海出版的《新世界》第二期刊载了“蛰伸”译述马克思社会学说的文章，其中一节的内容为《资本论之概略》。民国八年（1919）李大钊在《新青年》上发表的《我的马克思主义观》一文对《资本论》做了更为详细的介绍。其后，李达、周恩来、毛泽东等革命者都对《资本论》有过不同程度的宣传和介绍。在五四运动前后，《资本论》的英文本、德文本、法文本、日文本都已传入中国，但“一般人看不到，也看不懂”，很多组织和个人都曾有过翻译《资本论》的计划，终因各种困难而中辍。如李大钊领导的“马克思学说研究会”曾购到英、德、法文版的马克思全集，并着手翻译《资本论》，却发现“往往认得字而不解其意，很难啃下来”。郭沫若也曾决心翻译《资本论》，表示愿意为翻译《资本论》而死，最终“未能如愿而大憾”[①]。在民国二十七年（1938）之前，国人能看到的中文《资本论》只有部分篇章和零星的翻译，如民国十九年（1930）陈启修所翻译的第一卷第一篇，由上海昆仑书店出版；两年后，潘冬舟翻译的第一卷第二、三、四篇由北平东亚书局出版。同时还有侯外庐、王思华合译的第一卷，吴半农翻译的第一卷前两篇等相继出版[②]。这些译本都只是零星翻译《资本论》第一卷的若干篇章，均未完全阐明马克思剩余价值学说的原理，也就是说，《资本论》被国人知晓以来的五十年左右时间里，人们对它的认知仍停留在表面，这对《资本论》的传播是很不够的。

凭着自幼养成的自强自立的良好习惯，两位青年勉力应对着接踵而来的一系列困难和考验。郭大力选择了闭门乡居，王亚南于民国十七年（1928）春夏之交东渡日本，在东京这个中国近代新思想的重要策源地居住了三年。这三年中，王亚南的日常生活只有两件事：翻译和学习。他一面自学日文和德文，一面学习西方古典经济学的理论。他把翻译和学习融为一体，在日本三年，他翻译了亚当·斯密的《国富论》（与郭大力合译）、

---

① 胡培兆、林圃：《〈资本论〉在中国的传播》，山东人民出版社，1985年，第132—135页。

② 关于《资本论》在中国的翻译出版详情可参见胡培兆、林圃：《〈资本论〉在中国的传播》，山东人民出版社，1985年，第132—150页。

李嘉图的《政治经济学及赋税原理》（与郭大力合译）、高岛素之的《地租思想史》、爱德华·威斯马克的《人类婚姻史》等著作。这些著作在他回国后都陆续出版。而这一切，只是为翻译马克思的《资本论》做准备。事实证明，王亚南和郭大力回归古典经济学来理解和翻译《资本论》的选择是明智的。1965年在《国富论》的《改订译本序言》中，王亚南说："我们当时有计划地翻译这部书以及其他资产阶级古典经济学论著，只是要作为翻译《资本论》的准备……对于亚当·斯密、李嘉图的经济学著作有一些熟悉和认识，是会大大增进我们对于《资本论》的理解的。事实上，我们在翻译《资本论》的过程中，也确实深切感到翻译亚当·斯密、李嘉图著作对我们的帮助。"①王亚南在翻译这些经济学名著的时候都要比对不同的版本和译本，反复多次后才定稿。一分耕耘，一分收获，王亚南的学力也在这些艰难困苦中获得了质的提升。九一八事变后，王亚南愤然离开日本，回到上海。此时他已成长为一名货真价实的经济学家了。民国二十年（1931）、二十一年（1932）他和郭大力翻译的《经济学及赋税之原理》《国富论》两书由上海神州国光社相继出版，在学术界引起不小的轰动，被公认为有重要贡献的学术著作，名不见经传的两位青年一举奠定了在学界的地位。

王亚南也因此得以在上海暨南大学兼职，讲授中国经济史等课程。他也积极参与学术文化活动，在报刊上发表文章。不过，他的主要精力仍放在翻译事业上。在上海期间，他又着手翻译奈特的《欧洲经济史》、克赖士的《经济学绪论》等著作，进一步为《资本论》的翻译积累经验和知识。民国二十二年（1933），王亚南因在"闽变"事件中出任福州人民政府文化委员兼《人民日报》社社长而遭当局通缉，不得不出走香港，并流亡欧洲。民国二十三年（1934）春，王亚南来到马克思的故乡德国，广泛涉猎了更多的西方经济学著作，还阅读了大量哲学著作。他通过对德国历史和现状的考察，撰写了《德国之过去、现在和未来》一书。考虑到马克思的《资本论》是对英国经济史和经济现状的深刻总结，他还到英国小住。这些经验使他对正在翻译的《欧洲经济史》有了感性的认知，也能更深刻

① ［英］亚当·斯密著，郭大力、王亚南译：《国民财富的性质和原因的研究》，商务印书馆，1972年。

地理解西方的社会经济历史和资本主义世界。民国二十四年（1935）因欧洲形势急变，王亚南取道日本回到上海，与郭大力会合，全力投入《资本论》的翻译。尽管在知识上已经作好了充分准备，但他仍然遇到了意想不到的困难：连天战火使他们被迫流亡，部分译稿也在战火中焚毁；反动势力的恫吓使他们承受了巨大的精神压力；生活条件的艰苦使王亚南患上严重的神经衰弱症和胃溃疡病。但他们始终没有动摇，以极大的毅力和勇气推进他们的翻译计划。民国二十七年（1938）秋，以德文本为底本的《资本论：政治经济学批判》第一、二、三卷中译本由上海读书生活书店相继出版，出版社在报刊上发了一则简要推文："全书共三大卷，二百余万字，现已全部出版。装订精雅美观，译笔简洁流畅；出版以来，读者赞扬不绝。"①《资本论》全文的出版再一次震动学术界，有书评称：

> 《资本论》这一部震动世界的伟大的巨著，终于在这国难最严重的今日在中国出现了！这是中国文化界中一个最大的收获。……《资本论》终于在这炮火燎原的现在全部出版了！中文译本出版的时候最迟，出版上的各种条件也最艰难。……《资本论》的著者、编者甚至许多译者都在不息的奋斗中相继死亡了，但《资本论》的伟大精神却一年比一年更显得它的崇高与伟大。……《资本论》的本身就是一团永不熄灭的"火"，它所经过的一切，都要跟它一道燃烧起来，成为更大更有力的"火"流，熔化着一切所能熔化的，毁灭着一切所能毁灭的。它那强烈的光是极明亮的，它将吞没了人间的一切的黑暗。②

王亚南和郭大力的夙愿终得以实现。从大佛寺发愿到《资本论》三卷出版，两位青年前后花了整整十年时间，这十年，他们以《资本论》的翻译为线索，实现了知识结构的完善，经历了人生的历练，由初出茅庐的学子成长为博览群书的翻译家和经济学家。这期间，他们虽不同程度参与了进步的政治活动和文化运动，但沉潜学习和译书才是他们的"正业"和主

① 《译报周刊》1939年第1卷，第46页。

② 史贵：《在战斗中发展的〈资本论〉》，《译报周刊》1939年第1卷，第45—46页。

要生活内容。他们拼力翻译，除了实现人生理想的强烈愿望之外，也在一定程度上是迫于经济压力和生存的需要[①]。他们刻苦学习，最初的动机，就是为了“啃动”《资本论》。王亚南在事后回忆当年的情景时，多次提道：“《资本论》是一座庞大的知识宝库，岂只有经济学理论，还包含了丰富的哲学、历史和文学知识……对我们来说，如果对追杀恶魔的西波亚斯，或对被人骂为水獭的瞿克莱夫人均一无所知，连臭名昭著的夏洛克也不知其何许人也，要想完全啃动《资本论》，那是相当困难的。”[②]可以说，郭大力和王亚南翻译了《资本论》，《资本论》也在一定程度上成就了他们，在翻译《资本论》的十年中，他们实现了由学生到学者，再到知名学者的提升。如果说王亚南最初走上传播马克思主义的道路是出于救亡图存的理想和为人生寻找出路的机缘巧合，那么，他们进入《资本论》翻译的路径，主要是从经济学的视角，以一名经济学家和翻译家的心态和身份切入的。民国年间的学者在综述百年经济思想成就时，也多从经济学著作翻译的角度盛赞他们的成绩，将他们比拟为英国译界名人保禄兄弟：“总计各书不下四百万言，其勤力实堪赞佩，余尝譬两君为英之保禄兄弟，实则论劳绩犹此胜于彼也。”[③]对于后世研究而言，将王亚南和郭大力“还原”为经济学领域的翻译家，是全面理解王亚南学术人生的第一步。

三

《资本论》对王亚南的影响绝不仅仅限于知识的增长，通过翻译《资本论》，王亚南自身的世界观也发生了深刻的变化。如他的传记作者所言：“《资本论》的翻译和出版，是王亚南思想前期和后期的一道分界线。”[④]表现在人生道路的选择上，有一个标志事件——武汉沦陷后，王亚南来到重

① 郭沫若先生当年立志翻译《资本论》，也是出于生计的考虑，当时他“闲着无以维持一家人的生活，因此决心翻译《资本论》”。参见胡培兆、林圃：《〈资本论〉在中国的传播》，山东人民出版社，1985年，第135页。

② 潘懋元口述，郑宏整理：《实践·理论·应用：潘懋元口述史》，华中科技大学出版社，2019年，第20—21页。

③ 夏炎德：《中国近百年经济思想》，商务印书馆，1948年，第181页。

④ 甘民重、林其泉：《王亚南传略》，《党史资料与研究》1987年第4期，第25页。

庆，得到蒋介石“手谕”召见和挽留，但王亚南以已受中山大学之聘为由，“斩钉截铁地拒绝了蒋介石的拉拢，表现出正直的知识分子的高尚气节”①。

民国二十九年（1940）秋，王亚南离开重庆到广东坪石镇，在内迁至此的国立中山大学任教，就任经济学系主任，教授高等经济学、中国经济史、经济思想史等课程。从这个时候开始，王亚南教学和研究的指导思想朝着更加自觉地追求马克思主义真理的方向转变，体现在日常工作上，他一方面结合中国国情积极地在课堂上讲授马克思主义理论，另一方面以马克思主义为指导，结合中国实际开展经济学的研究。离开中山大学之后，他曾写过一封《致中山大学经济学系同学一封公开信》，信中说，在来中大之前，“我虽然出版了一些有关经济学方面的东西，但用我自己的思想、自己的文句、自己的写作方法，建立起我自己的理论体系……却显然是到了中大以后开始的”②。

以王亚南执教中山大学为界，我们可以把王亚南民国年间的著述分为前后两个阶段。在此之前，他的著述主要侧重于对西方经济学名著的翻译，并以这些翻译成果为基础开展对西方经济学说的介绍。译著主要包括前文已经提及的《人类婚姻史》（上海神州国光社1930年刊行）、《国富论》（上卷，上海神州国光社1931年刊行；下卷，1932年刊行）、《地租思想史》（上海神州国光社1931年刊行）、《经济学及赋税之原理》（上海神州国光社1932年刊行）、《经济学绪论》（上海民智书局1933年刊行）、《欧洲经济史》（上海世界书局1935年刊行）、《资本论》（全三卷，上海读书生活书店1938年刊行）、《世界经济机构体系》（上、下，上海中华书局1939年刊行）等。由他撰写的介绍西方经济学的著作有《经济学史》（上卷，上海民智书局1932年刊行）、《现代外交与国际关系》（上海中华书局1933年刊行）、《经济政策》（上海中华书局1936年刊行）、《德国之过去、现在与未来》（上海中华书局1936年刊行）、《现代世界经济概论》（上海中华书局1936年刊行）、《中国社会经济史纲》（上海生活书店1936年刊行，1937年

---

① 甘民重、林其泉：《王亚南传略》，《党史资料与研究》1987年第4期，第26页。

② 王亚南：《致中山大学经济学系同学一封公开信》，该信1946年发表于《每日论坛》，后收入《王亚南与教育》一书，改名为《如何发挥自学的精神》，参见王岱平、蒋夷牧编：《王亚南与教育》，福建教育出版社，1981年，第145页。

再版)、《中国经济读本》("新青年百科丛书"之一,1937年在上海刊行)、《战时财政政策与金融政策》(一说与《战时经济问题与经济政策》为同一种书,一说为两种。由上海光明书局于1937或1938年刊行,此书目前尚未找到底本,可能与遭国民党当局查禁有关)。20世纪30年代这十年,王亚南每年都有著作出版,高峰时一年出版3种或4种著作,其勤奋刻苦的程度可见一斑。

除了译著和专著出版之外,王亚南还在报刊上发表了大量文章,或针砭时事,或评介世界经济学说。据初步统计:自民国十九年(1930)至民国二十九年(1940)王亚南在报刊上发表文章68篇。其中《新中华》18篇,《读书杂志》11篇,《学艺》4篇,《大众论坛》4篇,《长沙民众旬刊》3篇,《文摘》3篇,《世界知识》2篇,《自修大学》2篇,《文化战线(上海)》2篇,《社会导报》2篇,其他17种报刊各1篇。通过这些论文不难看出,王亚南对西方经济学已经有了系统的了解,并就西方经济的演变和分期提出了自己的见解。例如,他在《读书杂志》上所发表的11篇论文,实际上是他在此杂志上开设的"世界经济名著讲座"的一组论文。在这组论文中,他将西方经济学的不同流派与资本主义不同的发展阶段相对应,大体上,法国重农学派代表了资本主义发轫期的经济学,英国的"正统派"代表了资本主义兴盛时期的经济学,德国历史学派和奥地利学派则代表了资本主义衰颓期的经济学。此后还发展出了修正"正统派"的"新正统派"及修正历史派经济学的"新历史学派"等几大流派。而马克思主义经济学说是资本主义后期最先进的经济学理论,是"发现资本主义没落法则""暴露资本家社会之经济运动法则"的科学[①]。《大众论坛》是王亚南主编的刊物,他利用这个杂志以自己所掌握的经济学理论对马寅初先生的《中国经济改造》一书进行了批评,认为该书在学理上不成体系,而且所提出的"改造"方案借用德国经济学家亚丹·茂勒(Adam Muller)的思想也是不恰当的[②]。

---

① 张贶余、王亚南:《几个关于经济学的初学的问题》,《读书杂志》1932年第2卷第11—12期。

② 王渔邨:《经济学的原因——评马寅初先生的〈中国经济改造〉》《经济学的贫困——评马寅初先生的〈中国经济改造〉》,《大众论坛》1936年第1卷第2期、第3期。

到中山大学执教并担任经济系主任之后，王亚南此前在知识海洋中遨游所积累的知识储备一下子找到了用武之地，他以极大的热情投身于教学和科研。据当时的学生回忆，他上课时“全神贯注，声音洪亮”，演讲也极具感染力，一些学生因听了他的讲座而立志要考入他所在的经济系。因日军袭击粤北，中山大学再次迁校。王亚南被迫离开坪石，辗转到福建临时省会永安，担任福建省研究院社会科学研究所所长。1946年他利用暑假悄然回到广州，为迁校后的学生补课，受到学生们自发的欢迎。在中山大学期间，他的科研工作更是如鱼得水，形成了“一个以王亚南为轴心的学术自由的小天地”[①]。他在中山大学创立了经济调查研究所，创办了《经济科学》杂志。在为该刊所作的《代发刊词》中，他提出“经济科学是一门实践的科学，强调要体现“经济学的实践性”[②]。王亚南把这些好的学术传统都带到了福建，在福建永安，他改组了福建省研究院社会科学研究所，创办经济科学出版社，创办《社会科学》《研究汇报》等杂志，还组织人员赴闽西进行土地调查。受厦门大学之聘任法学院院长兼经济系主任之后，他延请郭大力、林砺儒、杨东莼、石兆棠等专家学者，更加自觉地传播马克思主义，并积极推动学术机构和杂志的创办[③]。

从中山大学到厦门大学这十年，王亚南的学术研究重心是努力运用马克思主义经济学的原理和方法，尝试用“自己的思想、自己的文句、自己的写作方法”来探索中国经济学的道路，并获得对中国社会的“历史的经济的解释”。在求索的道路上，他遇到了与郭大力同等重要的另一位“学术引路人”——英国皇家学会会员、著名学者李约瑟（Joseph Needham）博士。民国三十一年（1942），李约瑟以英国驻华大使馆科学参赞、中英科学合作馆馆长的身份，受英国政府的派遣来华，于民国三十二年（1943）访问国立中山大学。王亚南曾经回忆李约瑟与他交流的一些细节：

> 我在坪石一个旅馆中间同他作过两度长谈。临到分手的时

① 陈其人：《王亚南在中山大学及其百科全书》，《中国经济问题》2009年第3期。

② 王亚南：《经济科学论》，《经济科学》1942年创刊号。

③ 1950年任厦门大学校长之后，他创办了厦门大学经济研究所，建立了经济学院，并直接参与了《厦门大学学报》《中国经济问题》等学术期刊的复刊和创办。

候，他突然提出“中国官僚政治”这个话题，要我从历史与社会方面，作一扼要解释。他是一个自然科学者，但他对一般经济史，特别是中国社会经济史，饶有研究兴趣。……我实在已被这个平素未大留意的问题窘住了。当时虽然以“没有研究，容后研究有得，再来奉告”的话敷衍过去，但此后却随时像有这么一个难题，在逼着我去解答。①

李约瑟带给他新的课题，也打开了他的学术视野。可以说，与李约瑟的长谈使王亚南又一次有了心灵的震动，其震源来自学术和科学的魅力，在某种意义上，这是一位有着科学思维、训练有素的专业学者对一位自学成才的勤奋思考者的震撼。王亚南深刻地认识到，对中国经济学和经济问题的研究，不仅要从经济学的普遍原理出发，也要从中国的实际，特别是中国社会的历史演变出发。树立起这样的问题意识之后，王亚南的治学理念提升到一个新的层次。如同他自己所言：“经过这次研究以后，我像把以往中国社会史上想得不够透彻，讲得不够明白的许多问题，豁然贯通了，而我一向强调的所谓中国社会的特殊发展，这才实实在在的有了一个着落。”②

执教中大以来的十年中，王亚南的学术探索和研究也取得了丰硕的成果。一批有分量的著作陆续出版。主要有：《经济科学论丛》（江西赣县中华正气出版社1943年刊行）、《中国经济论丛》（重庆五十年代出版社1944年刊行）、《社会科学论纲》（福建永安东南出版社1945年刊行）、《中国经济原论》（福建经济科学出版社1946年刊行）、《社会科学新论》（系《社会科学论纲》的增订版，福建经济科学出版社1946年刊行）、《中国官僚政治研究》（上海时代文化出版社1948年刊行）、《中国社会经济改造问题研究》（上海中华书局1949年刊行）、《政治经济学史大纲》（上海中华书局1949年刊行）。一批有影响的论文也发表在各类报刊上。据统计，民国三十年（1941）至民国三十八年（1949）王亚南在报刊上发表文章104篇。其中《时与文》20篇，《新中华》10篇，《联合周报》9篇，《社会科学》（福建永安）

① 王亚南：《中国官僚政治研究》序言，上海时代文化出版社，1948年。

② 王亚南：《中国官僚政治研究》序言，上海时代文化出版社，1948年。

7篇，《新建设》5篇，《经济科学》4篇，《时代中国》4篇，《改进》3篇，《中国建设》（上海1945）3篇，《中山文化季刊》3篇，《广东省银行季刊》3篇，《经济评论》等7种刊物各2篇共14篇，《研究与批评》等19种刊物各1篇共19篇。

在这些论著当中，王亚南以马克思主义为指导，结合中国实际，对中国社会的性质、地主制经济、中国的人口问题、中国官僚制度、中国社会经济改造、《资本论》的应用、中国经济学体系、中国社会科学研究等问题展开了全面的论述。其中，《经济科学论丛》《中国经济原论》《中国官僚政治研究》被公认是他的代表作。《经济科学论丛》是王亚南经济学论文的结集，共收10篇论文，分别为：《经济科学论》《政治经济学上的人》《政治经济学上的自然》《政治经济学上的法则》《经济学与哲学》《政治经济学及其应用》《政治经济学之历史发展的迹象》《政治经济学对于现代战争的说明》《政治经济学在中国》《中国经济学界的奥地利学派经济学》。他在这本著作中对经济学的基本原理进行了梳理和阐释，指出了经济学和哲学的共通性和关联性，认为哲学的法则是经济学的方法论，“科学的经济学建立的时候，正是科学的哲学体系在经济学这一范畴的完成和树立的时候”①。同时王亚南界定了经济学的历史使命，认为在特定国际形势下，经济学是民族生存斗争的理论武器。在民族生存斗争中存在着两种意识形态，侵略的意识形态和求解放的意识形态，“大体上，当一个国家或一个民族，对外处于劣势的时候，求解放的经济理论便被强调着。反之，当它处于优势的时候，又必然要采用另一套理论”②。这些论述至今仍有很强的指导意义。

《中国经济原论》的主体部分是王亚南在中山大学讲授经济学课程时的讲稿，曾分篇发表于《中山文化季刊》《广东省银行季刊》《时代中国》各刊物。《中国经济原论》在民国时期共出了三个版本：民国三十五年（1946）经济科学出版社所刊为初版，民国三十六年（1947）又列入“新中国大学丛书”，由生活书店刊行了修正补充版。民国三十七年（1948）生活书店再版了此书。《中国经济原论》是王亚南运用《资本论》的理论

① 王亚南:《经济科学论丛》,中华正气出版社,1943年,第60页。

② 王亚南:《经济科学论丛》,中华正气出版社,1943年,第83页。

体系分析中国经济形态的成果。首篇为《中国经济研究总论》，正文部分分别论述了中国商品与商品价值形态、货币形态、资本形态、利息与利润形态、工资形态、地租形态、经济恐慌形态，后有附论5篇（再版时增至7篇），论述了“中国商业资本”“中国商业资本与工业资本间的流通”“中国公经济研究”“中国官僚资本与国家资本”诸问题。基于这些论述，王亚南回答了当时经济学界、历史学界长期争论的中国社会经济的性质问题，他把近代旧中国的社会经济形态定性为半封建半殖民地的经济形态，也为中国共产党新民主主义革命战略的制订奠定了理论基础。王亚南自己评价本书的价值在于“学术中国化”，他说“在今日或在今后，有谁要触到学术中国化，特别是政治经济学中国化的历史”都不应该忘记本书，“这本书至少是影响当时学术中国化，响应当时新启蒙运动的一个鲜明记录”[①]。总之，《中国经济原论》是中国最早的一部尝试把政治经济学中国化的成功之作，“由于运用马克思主义经济学原理深刻地剖析了旧中国的经济，得出了规律性的结论，故被誉为中国式的《资本论》”[②]。

《中国官僚政治研究》一书是由民国三十六年（1947）和民国三十七年（1948）两年在《时与文》等杂志上发表的“中国官僚政治之历史的经济的解释”系列文章集结而成的。这些文章都是他思索“李约瑟难题”的结果，这些思索直指国民党政权腐朽的官僚政治统治，因而受到全社会的广泛关注。王亚南的初衷是将这个问题作为“关于中国经济史研究的副产物”来研究，却意外地发现，“我从来的写作，没有像这次‘研究’这样受到普遍的注意。第一篇发表以后不久，相识的朋友，不相识的青年研究者，连续来信提到或讨论到其中触及的论点。有时，因为我暂时间周转不过来，或处理题材发生滞碍，致脱期未续刊出来，随即就接到探问我、敦促我、鼓励我的函件”[③]。王亚南意识到自己捕捉到了一个非常重要的课题，在学人和舆论的敦促下，他凭借深厚的马克思主义经济学功底，很快完成了独具特色的研究。如论者所言，本书“最有科学价值和现实意义的地方，就在于以历史和经济分析为基础，对官僚政治这一官僚主义发展最成熟的

① 王亚南：《中国经济原论》解放后新版序言，三联书店，1950年。

② 周元良、胡培兆：《王亚南传略》，《晋阳学刊》1980年第6期，第84页。

③ 王亚南：《中国官僚政治研究》序言，上海时代文化出版社，1948年。

形态本身的基本矛盾——官民对立关系作了慧眼独具的剖析，从而为探索官僚主义的根本克服办法提供了启示”[①]。同时，在《中国官僚政治研究》一书中，王亚南将中国官僚政治形态归结为“延续性、包容性和贯彻性”三种性格，并对传统社会政治、经济、文化“三位一体”的社会结构予以揭示，在一定程度上回应了自二十世纪三十年代以来中国社会经济史领域内中外学者长期争论的中国传统社会“长期迟滞”的问题，这也是本书备受中外学者关注的原因之一。

从民国十七年（1928）大佛寺发愿、东渡日本，到民国三十八年（1949）执教国内著名院校，二十余年来，王亚南经受了战火的洗礼和现实的种种考验，而他始终不忘初心，以《资本论》为依托，走出了一段学习《资本论》、翻译《资本论》、传播《资本论》、研究《资本论》、应用《资本论》的精彩人生，他的这段人生经历本身就是马克思主义与中国实际相结合的一个成功范例。他由翻译步入学术之门，而最终成长为一位自觉坚持马克思主义、自觉运用马克思主义的现代学者。能够“避免激动的情绪，一贯的维持住客观的科学的研究态度”[②]，这句话可视为王亚南这一时期极佳的一个“自画像”。

四

回顾王亚南的学术人生，他走上马克思主义的学习和研究之路，郭大力是他的引路人；他成长为坚守客观科学精神的现代学者，李约瑟是他的引路人。这条治学之路是王亚南人生旅途中人所共知的“明线”。其实，在王亚南的学术人生中还有一条“暗线”，在这条“暗线”上也有一些重要的引路人：他们是一群默默奉献的中国共产党人。尽管现在已经不可能完全列出这些引路人的名字，但是细续王亚南的传记，梳理他的学术之路，还是有一些鲜活的人物图像闪现出来。

民国十五年（1926）王亚南大学毕业到武昌私立成城中学任教期间，通过他的同乡、地下党员王仲友的介绍，认识了时任湖北中小学教师训练

① 王亚南:《中国官僚政治研究》再版序言，中国社会科学出版社，1981年。

② 王亚南:《中国官僚政治研究》序言，上海时代文化出版社，1948年。

所所长的董必武，多次到训练所听课，在董必武的影响下成为进步青年。成城中学停办后，又经王仲友的介绍到长沙参加北伐军，任国民革命军教导团的政治教员。民国二十三年（1934）王亚南因在国内遭到通缉而出走欧洲，在此期间，他得到了在德国学习的中共旅欧支部负责人张铁生的帮助。而在王亚南和郭大力翻译《资本论》遇到危险和困难，几度中辍的关键时刻，也都是地下党组织及时出手援助。当时陈启修和潘冬舟等人零星翻译的《资本论》都被列为禁书，王亚南和郭大力的翻译工作只能秘密进行，能否顺利出版也未得而知。在这种情势下，由地下党和进步人士创办的上海读书生活出版社接受了出版《资本论》全译本的任务，他们不仅为翻译工作提供资助，按月预支稿酬，还在南京沦陷后把郭大力接到出版社居住，为他提供安静的翻译环境。在《资本论》翻译出版的过程中，“艾思奇、郑易里、黄洛峰、章汉夫等人都有过很大的帮助和促成。特别是郑易里，组织编辑、校对清样，出版发行等，操劳于整个出版过程的内务外交，贡献不小”，作为《资本论》出版的主要经办人，郑易里直到出版前夕还装成局外人，对外界说：“听说《资本论》原著全译本快要在读书生活出版社出版了。所以特别推荐这本书给爱好《资本论》的人们。”①可以想见，在当时的出版环境下，没有地下党组织的暗中帮助，《资本论》顺利出版和发行几乎是不可能的。

全面抗战爆发后的民国二十七年（1938），王亚南还曾经到武汉出任国民党政府军事委员会政治部设计委员会委员，而该委员会的主任是周恩来，他受到周恩来的直接影响和指导，参加了民众抗日救亡工作。民国三十八年（1949）年初，厦门被白色恐怖所笼罩，王亚南成为国民党特务重点关注的对象。在中共地下党组织的安排下，王亚南乘飞机到香港，暂时在中共地下党办的达德学院任教。同年五月，又经中共地下组织安排，乘轮船北上，抵达北京后，被安排在清华大学任教。次年，又被中央人民政府政务院任命为厦门大学校长。

在一定意义上，是中国共产党为王亚南铺平了学术道路。在担任厦门大学校长期间，王亚南在繁忙的行政工作之余，仍然孜孜不倦地从事教学和科研，又撰写了大量的论著。正是在新中国的教育实践中，王亚南对中

① 胡培兆、林圃：《〈资本论〉在中国的传播》，山东人民出版社，1985年，第148—149页。

国共产党全心全意为人民服务的宗旨有了深刻的认识，确立了共产主义信仰。1957年5月23日，他光荣地加入了中国共产党，从一名马克思主义的传播和研究者成长为马克思主义的坚定信仰者。不幸的是，王亚南入党不久便遭遇了各种政治运动，在“文革”中被打成“反动学术权威”。然而，磨难中的王亚南始终坚持自己的信仰，坚持马克思主义，坚持追求真理。1969年11月13日王亚南病逝于上海，粉碎“四人帮”后，王亚南的冤案得到了平反。

“路漫漫其修远兮，吾将上下而求索”，也许可以用屈子的这句咏叹对王亚南的学术人生作一简要的概括。王亚南虽然未能亲眼看见改革开放后中国社会各行各业和学术研究领域的新气象，但他的论著和名言穿越时空，历久弥珍，成为我们在新时代应对新问题的宝贵遗产。

作者通信地址：湖北省武汉市武汉大学中国传统文化研究中心，邮编：430072。

责任编辑：李强

抗战时期陕甘宁边区的乡村试选

——以边区基层档案为中心*

韩 伟**

摘　要：“试选”是陕甘宁边区在进行正式选举之前选取若干地方进行的选举试点，为全面选举积累经验。本文以新见历史档案、报刊记载为基本史料，全面考察1944年延安川口区一乡试选的各个步骤，分析试选中出现的问题，借以展示延安时期抗日民主制的内在机理与实践面向。

关键词：选举；抗日民主制；陕甘宁边区

选举是陕甘宁边区抗日民主制的集中体现。在整个抗日战争期间，陕甘宁边区共进行了三次全面的选举，而县乡等基层的选举，更是贯穿于陕甘宁边区存在的各个时期，也是陕甘宁边区抗日民主的基础。自1941年边区第二次普选以来，“试选”逐渐成为民主选举的一个重要步骤，特别是涉及边区三级普选的时候。然而，边区选举中的“试选”究竟怎样进行，其目的与效果如何，对于边区的抗日民主制有何意义，长期以来，并未得到深入的研究①。本文以新发现的陕甘宁边区基层政府档案，以及相关报

---

* 本文系2021年国家社科基金后期资助项目“延安时期宪制民主论（1935—1948）”（项目编号：21FFXB076）成果。

** 韩伟（1982—　），男，西北工业大学法学系副教授，西北政法大学马锡五审判方式研究院研究员。

① 有关陕甘宁边区选举的研究相对较多，但具体到试选，浅见所及并不是太多，梁星亮等人的著作中略有提及。参见梁星亮、杨洪、姚文琦主编：《陕甘宁边区史纲》，陕西人民出版社，2012年；雷云峰编著：《陕甘宁边区史》（抗日战争时期），西安地图出版社，1993年。马成的博士论文专门研究了陕甘宁边区1941年的乡选，其中详述了1941年延安裴庄乡的试选过程，但所依材料，完全是报刊史料。参见马成：《陕甘宁边区基层民主选举研究》，吉林大学法学院博士学位论文，2013年。

刊、文件为材料，对延安川口区一乡在1944年8、9月间所进行的“试选”作初步研究，并试图分析乡选在整个边区选举中的作用、意义，以及通过“试选”所反映的情况，揭示出抗日民主制的内在机理及相关问题。

一、准备

“试选”是为了使三级选举这样的大规模选举更顺利进行，有计划地安排的。为了更好地发现问题、积累经验，就需要很好地选择试选点，这是进行试选首先要做的。“川口区一乡”作为延安的试选点，有着充分的理由：“我们选择了一乡作为试选点，因为它正合我们所要求的一个人口比较集中稍密、问题也比较多、党的工作不好的标准。”[①]可见，选择“川口区一乡”并不是因为这里基础较好，选举容易推行，而恰恰是这里积累的问题较多，比较容易汲取经验。

不仅如此，“川口区一乡”还是一个新成立的乡，“延安川口区一乡，是在一九四〇年春天由第一、三、四、五等四个乡的交界处各划出一块成立起来的新乡，西接延安市的桥锁乡，东到本乡的川口村，包括延河两岸的十六个自然村”[②]。正因为此，整个乡的整合工作还没有完全到位，基层群众工作也存在问题。这些，都构成了选择该乡进行试选的主要因素。

确定了试选乡，主持选举的工作团就开始进入实质性的准备工作：“我们是8月13号来到乡上，第一步工作是干部动员、宣传和登记选民；第二步是到农村进行调查访问群众发现问题……”[③]准备的工作很多，概括地讲，就是成立选举委员会，进行选前的宣传动员与调查访问。

在组织方面，选举准备最重要的工作是成立选举委员会，它是整个选举的核心机构。在川口区一乡，选举委员会除了边区政府派驻的协助选举的工作团成员与当地的政府官员，以及乡村“权威”外，还广泛吸收了教

① 《延安市川口区一乡试选工作总结》（1944年），绥德县档案馆藏，绥德档案，目录号9，案卷号5（该档案全宗号空缺，以下简称：绥德档案9-5，余类推。档案中有个别错别字、异体字，一般照录原文，并在其后附注），第1页。

② 绥德档案9-5，第2页。

③ 绥德档案9-5，第2页。

员、乡参议员、劳动英雄、机关代表等人士，该县县长、柳树店村村长，以及部分劳动英雄、各界代表等都进入了选委会，其中县长汤化武还任选委会副主任。总体上，选举委员会“共十一人，除机关的三人外，群众八人，其中党员三人”①。但是，选举的实际情形，仍然是选举工作团成员起到主要作用。8月16日，召开了选举和征粮工作的一揽子会，这也是选举委员会的第一次会议，选举工作组的李万春对大家作了讲话，介绍了选举的意义、作用与重要性，提出“边区是民主的地方，这乡先搞是为了取得经验……选出好人为自己办事”②。这次会议通过了几项决定，主要包括：通过选委会的正副主任；通过工作进程；决定下乡的宣传内容，包括试选的目的与意义、选举的重要性、动员群众批评政府，以及如何选举、选举什么人等等③。

宣传动员主要包含两个方面的内容，一是针对普通百姓的宣传，二是针对干部的宣传动员，从川口区一乡试选的实际情形来看，由于对选举认识的严重不足，使得对干部的宣传动员倒成了主要工作。在总结与反思试选工作时，工作团这样写道：

> 干部思想没有搞通，这是最主要的缺点。我们在上面所介绍的干部动员，也就是那样简单。十六号的会议上，征粮工作布置完之后，天快黑了，干部急的要回（要回去割草喂牲口），我们就只得简单的说了说选举问题，没有经过讨论，所以干部的思想上，仍只知征粮，而对选举并不重视，有的糊里糊涂，还没解下。如贺老五，是村长，又是选委会的委员，当我们十七号到柳树店去作宣传登记工作时，他却溜到瓜地里半天不回，找回来后，召集会议不积极。我们和居民组长将人召好以后，要他讲几句话，他说：“讲什么哩，昨天在乡政府不是已经选了议员吗？（他以为已选他当了乡议员了）”当我们给他说那是选举委员不是乡议员时，他有些懊丧地说：“我一辈子没有讲过话呢！（其实他在村子里是讲话顶利气的人）”并说：“你们西北局要搞选举，

---

① 绥德档案9-5，第4页。

② 绥德档案9-5，第4页。

③ 绥德档案9-5，第4页。

> 你们讲完后，我们还布置征粮呢！”这不过是一个例子而已。再拿乡长来说，脑子里只有征粮，而没选举，比如在干部会议上，乡长所讲的只是征粮问题，而丝毫没有提到选举问题。①

相对于选举，基层各级干部对征粮抱有更大的热情，这是普遍存在的问题：“我们搞宣传登记时，按我们的计划要到十九号才能回来，但乡长要在十八号回来，临走时，他所再三叮咛农村干部们的事情，也仍是‘征粮工作按期完成，一颗也不能少’。所以在这一时期的工作中，我们深深感到，选举只是我们的事，征粮才是农村干部们的事，至于在本乡搞征粮工作的县委宣传部长和付区长的思想也仍是征粮第一。”②可见重视征粮甚于选举的思想，不止存在于乡一级的干部，连县级干部也是如此。

对普通农民的宣传动员，是和调查访问结合在一起进行的。在开始准备选举后，工作团发现了一些问题：“我们除在村民大会上作了肤浅的宣传以外，没有发现什么问题，就是说，我们还没有了解情况，群众中有些什么呼声和要求，群众对政府有什么意见，我们都很不清楚。所以我们帮助乡长所准备的工作报告，也多半限于全乡各种工作的一般数字，而很少涉及各村的具体问题。”这是促使选举工作团开展调查访问的直接原因。在具体工作中，选前的调查访问被赋予更多的意义，这包括“发现问题，反映群众意见，准备与充实政府的工作报告；识别原来干部，发现积极分子，准备提候选名单；再就是加深宣传解释以补第一时期之不足，藉以造成群众中的酝酿，同时重要的还在于启发群众，使能大胆发言”③。

为了达到上述目的，就必须要进行有效的调查访问。由于农民对选举认识有限，这需要一些技巧，一种方法是“迂回提问”，“在调查访问中，我们采取的方法，是以个别访问为主，也有采取三五人在一块谈的，但不管怎样，都不能开门见山地就向群众提出你所要了解的问题，而是由谈家常生活，从谈张论李的逐渐引到我们所要谈的问题中去”④。另外，还需要

① 绥德档案9-5，第6页。
② 绥德档案9-5，第6页。
③ 绥德档案9-5，第8页。
④ 绥德档案9-5，第8页。

注意，下乡访问时随行人员也可能影响访问的实际效果，“最好是不要带在群众中影响不好的干部，他们去了群众不敢讲话，特别是对干部和政府的意见更不敢讲”①。这也是成功进行调查访问的重要经验。

通过调查访问，确实达到了动员群众的目的：“（访问）启发了群众，使之敢大胆的发言，讲出很多问题，这对我们了解本乡工作上是很宝贵的贡献。我们本着发现问题、解决问题的精神，能够即时解决的，就很快给以解决。如乡政府从一里铺给移民借了一石多粮，后来顶了优待粮，给抗工属吃了，群众很不满意。乡政府种了川口村贾云甫老汉的两垧川地，规定每垧一斗租子，老汉心里不满，口里说不出。对于这两件事，我们即时和县政府商量，一里铺的粮是要给归还，贾老汉的地租增加到每垧二斗半，并且县政府愿将在该地里所打的一眼井，将来也送给他，这样一来，一里铺和川口村的群众无不满意，真正做到了有啥讲啥了。比如县政府过去在川口村住时，借的、拿走的（后来搬家时）和损坏了的群众的东西，小至锄头、锭头，大至门窗、窑洞，凡廿余，群众都在大会上争先恐后地讲出来了，因为他们知道讲出来是顶事的。”②

调查访问，还达到了重新了解基层干部的作用：“在我们没有作调查访问以前，对于原有干部的了解是很不够的，比如对前任乡长赵月旺同志，他因为害病，今年一月回家休养。到现在虽未全好，大体上可以作些工作。但是在访问以前，我们准备的乡长候选人中是没有想到他的。自访问回来，大家汇报以后，才知道各村群众提出要选赵月旺同志当乡长，因为他个性上虽有点弱，但是他为人公正，热心工作，又能为群众办事。”③可见，选前的调查，避免了选举工作中的片面性和主观性。

登记选民也是选前的一项重要工作，按照《陕甘宁边区各级参议会选举条例》，除了有卖国行为、法院褫夺公权者、神经病者，“凡居住边区境内人民，年满十八岁，不分阶级、党派、职业、男女、宗教、民族、财产及文化程度之差别，皆有选举权及被选举权”④。试选的川口区一乡符合这

① 绥德档案9-5，第12页。

② 绥德档案9-5，第10页。

③ 绥德档案9-5，第9页。

④ 中国社会科学院近代史研究所《近代史资料》编译室主编：《陕甘宁边区参议会文献汇辑》，知识产权出版社，2013年，第238页。

些要求的人，都需要进行选前的选民登记。由于选举的登记需要挨家挨户地统计调查，一些百姓误以为统计是为了出粮、出草料，或动员做事，因此出现了抵触情绪。选举团的工作人员采取家长座谈会或家访的方法，耐心解释，使群众懂得选举为什么要调查户口，民众和选举是怎样的关系，逐渐使群众理解选举登记工作的意义。选民登记的具体办法，包括逐户统计、村民大会当场统计、村上干部填报等六种方式[①]。在川口区一乡，这一工作是与选委会下乡宣传访问结合在一起的。

二、选举

进入正式选举程序，首要的问题是提出和确定候选人。在提名时，就预先考虑候选人与实际当选人的适当比例："候选人与应选代表的比例，根据各村的选举的结果，一般都为代表的一倍，也有个别村子候选人为代表的二倍，根据我们的经验，候选人数一般以代表数的一倍为恰当。"[②]按照这样的原则，在保证民众提名自由的同时，也在总体上把握了提出候选人的规模。在"放手民主"的指导思想下，选委会在候选人提名方面充分尊重群众意见，最大限度地保障民众的提名自由。但是，边区政府对于应选的代表，实际上也有考虑和期待："经验证明，乡选是选举的基础，在乡选中尤应启发群众充分使用人民的权利，深刻认识人民的义务，而能自觉负责地选出：政治坚定工作积极、作风民主办事公道、重视生产生活朴素的人物来作为乡代表和乡政府委员。"[③]按照这样的原则，乡选中候选人的提名最终在"放手"和"指导"的平衡中作出。

候选人一般都是在讨论政府工作报告以后，由群众自己提出的。凡是选民，任何人都有提候选人的权利，但在提出之后，必须得到别人的附议，才能作为候选人；但在提出时不必要得到一定人数的通过，因为这种办法就等于初选，容易形成对提名候选人的限制。可是另一方面，每提出

---

① 马成:《陕甘宁边区基层民主选举研究》,第76—78页。

② 绥德档案9-5,第15页。

③《陕甘宁边区政府指示》《关于进行县乡人民代表会及县乡两级政府选举的指示》,绥德档案9-7。

一人时，必须得到别人的附议，如果提出后得不到别人的附议时，就不能作为候选人。党内没有布置，只有一里铺村在开会前，有些群众酝酿要提樊海清和王清贤。这两人都是党员，也都公正，可是一个人是跛脚老汉，一个常害病，都不能工作。因此才在党的小组会上讨论了一次，再在群众中酝酿提选别人。但另外一个例子，柳树店选民名单贴出时，许多人指着白振江的名字说："这人能写能算，保险选上。"帮助选举工作的同志，知道白原是政府的粮食员，最怕误工，对工作十分消极。到开会选举时，帮助工作的同志就解释要选什么样的人，特别指出写算利洒，但不热心为大家办事的人还是不行，群众就解开了，说白振江是个"财迷脑袋"，只顾私不顾公，没有把他提出[①]。

由于在选举的宣传中仍侧重于提名的"自由"，以致在一些村的提名中，还发生了"竞选"的情况，一些人争作候选人：

> 贺老五是柳树店的老户，最有钱，旧社会当过保长，现在又当村长多年，因作事不公，群众对他不满，这次选举时，群众一连提了四个候选人，没有他。他的舅子为曹德，就活动姬成元提他，姬成元的答复是"就不提他"，贺老五发急了，站起来发表他的竞选演说：今天提的四个候选人，都是好人，就是两个人没有作过事，恐怕选上也办不了事。大家要注意，代表并不是好当的，要办过事，有经验，这不光办本村的事，还要办全乡的事咧！再说光景也要好一点，来了能招待，还要误的起功〔工〕。远的不说，选上后，马上就得到乡上开会，误两天功〔工〕呢……按照贺老五所说的这个条件看来，就只有他自己是适合的。在他讲完后和他素不相和的李应龙老汉就起来反驳他："只要人公道能办事就行，今天的候选人有两个是年轻小伙子，虽然过去没有作过工作，但他们选上以后是能办事的，谁也不是一生下来就有经验。[②]

① 绥德档案9-5，第15页。

② 绥德档案9-5，第17页。

接着，要在各村开会报告，介绍选举情况，同时也报告政府近期工作，听取群众意见。按照选举的一般程序，在投票之前，乡长需要到各村报告一年的工作。按照选举工作预想，乡长挨村作工作报告，并非只是说说了事，而是希望得到群众的意见。但是，由于干部与群众的关注点不同，报告往往得不到有效的回应。当然，这也与选举工作团准备的工作报告有关。选举工作团帮助乡长所准备的工作报告，多半限于全乡各种工作的一般数字，而很少涉及各村的具体问题，所以在8月22号刘万沟村村民会上，乡长作了工作报告之后，群众非常冷静，没有发表任何意见。当干部督促群众“大胆地批评政府工作”的时候，所得到的回答只是“都好，没啥意见”。会议只好在静默中完结[①]。乡长及选委会要大家多多批评政府，说明“绝不报复、绝不脸红”等，但这个报告都是关于全乡的问题，而没有涉及刘万家沟村的具体问题，所以报告后群众无任何意见，此后开始进行调查，报告暂停。选举工作团“决定以五天时间（24到28号）重新下乡，调查访问”[②]，从9月1号开始，又在各村继续报告，大体上仍依照以上方法，不过乔乡长在报告时还能多少谈到各村的具体问题，但仍以全乡工作为主。二次报告结果，“除十里铺无意见外，其他各村都提过一些意见，多为对政府干部的批评和军民关系方面的”[③]。在这里，乡长的工作报告与调查访问的交叠进行，也说明，试选中的具体步骤并不十分严格，很多时候是灵活处理的。

报告结束后，就开始正式投票了：

> 选民绝大多数不识字，我们采取了投豆的方式，每个候选人一个碗上贴着候选人的名字。在正式投票前，演习一次给大家看，把手续解释清楚，投票时把碗放在窑内，一个人一个人挨次投票。窑内只留一个监票委员和一个帮助选举的人。选民投票时，先告诉他每个碗上的名字，来一个说一遍，尤其是对妇女更要说的细详一点。监票委员要注意每个人的投票，因为有个别的人把

---

① 绥德档案9-5，第8页。

② 绥德档案9-5，第8页。

③ 绥德档案9-5，第14页。

> 手里所有的豆子都投在一个碗里，或者对中意的人投上两颗。遇着这种情形必须把豆子捡出来，让他重投（每个村子里总有两个人投票不合乎手续的）。碗的位置先后，对选举不起决定作用，但在两个候选人的票数不相上下的时候，放在头里顺手的碗，是会占一些便宜的，因为有个别落后害羞的妇女，总是顺便投一下。选民选举代表一般都很认真，有的人站在碗前考虑半天，才投一颗豆子。[①]

全部选民投票完毕后，选举委员会对各个候选人碗中的豆子分别予以统计，按照得票数多少，最终确定当选代表，并进行公示。

各村选出代表以后，选委会就着手准备乡级代表大会。大会在9月11日开始，会期两天。由于选出了真正愿为大家办事的人，会议上代表的情绪很高，这从会议出席率就能看出："代表们一致按时到会（十一号上午），据说这是乡政府从来开会所没有的现象。过去开会规定在上午总得到下午，规定下午，就到晚上，而且人还来不齐呢！"[②]代表大会经过选举，最终确定了七个政府委员，这一选举结果，是在中共党内酝酿和人民民主相结合的基础上形成的："选举之前，代表中的五个党员讨论了一下，党内得到一致意见。我们所预定要选的人，如果没有被群众提出，党员就以群众面目提出来。到选举时，我们所预定要选的人，选的结果和党内所讨论的七个人完全相同，票数都超过了投票人的半数。赵月旺得票最多，当选了为乡长，乔树熊票数次多，当选为副乡长，支书常宪士，也当选为委员……"[③]至此，一乡的试选宣告结束。

三、问题

川口区一乡所进行的试选，实际上是为1945年边区三级政府的普选做准备，因此需要将其放置在边区民主政治发展的大背景下予以考量。一方

---

① 绥德档案9-5，第16页。

② 绥德档案9-5，第20页。

③ 绥德档案9-5，第22页。

面，经过几年的实践，包含各抗日阶层的“三三制”民主形式已经颇为成熟，边区民主开始向更高程度发展；另一方面，抗日战争也行将结束，在与国民党的潜在竞争中，中共也急需获得局部地区执政乃至未来在全国建立新政权的合法性，高度的民主就成为最为重要的因素。在这一阶段，“放手民主”成为民主选举中的关键词，甚至在总结选举经验时也以此为检验选举优劣的一个标准，“还不够放手发扬民主”[①]成为一种负面的评价。中共需要通过放手民主，来建成抗战时期的民主榜样。然而，“放手”并不意味着彻底撒手，实际上还是有领导、有组织地“放手”，候选人的提名过程就说明“我们必须放手民主，由群众自己提候选人，另一方面，还要加以领导，向群众解释清楚”[②]。在试选之后边区的选举委员会总结会上，同样提出“放手不等于放弃领导。自觉地有领导地放手，就可以减少与及时纠正可能发生的各种偏向”[③]。可见，“放手民主”是一种目标和理想，着眼于边区政治社会的现实，以及普通民众的具体情况，在“放手”与“领导”之间，尚需要达到某种平衡。

试选也展示出，基层选举的实际，与边区政府对民主选举的总体设计存在较大的差距。对于这次全面的选举，边区政府特别强调了选举与检查政府工作的有机结合。《解放日报》的社论说：“有个别地方的干部，还没有很好掌握这次选举运动的基本方针，甚至认为群众大会不会提出什么好意见，认为群众‘说不出个条条’，有的认为受群众的批评是丢人的事，认为批评是‘败信’，反省是‘倒灶’……要多用选举中的具体例子教育干部，使其充分认识发动群众检查工作的重要，使他们懂得只有通过群众的检查和讨论，才能使我们的工作改进，而在检查工作中群众对干部提出的批评，不是干部的‘败信’，相反地，干部如能虚心接受群众的批评和意见，他们和群众的关系就会更加密切，他们在群众中的威信就会更加提高。”[④]然而，实际情况却不尽如人意，一方面干部思想还未能根本转变，民众检查政府工作只是在“选举”这一特殊的时刻，经由边区政府的上层

---

① 《绥德分区专员公署指示（为结束乡选工作指示由）》，绥德档案75-11。

② 绥德档案9-5，第15页。

③ 雷云峰总编：《陕甘宁边区史》（解放战争时期），西安地图出版社，1993年，第21—22页。

④ 《社论：把边区选举运动再推进一步》，《解放日报》1945年12月5日，第1、2版。

压力而展开的，它还远未能成为现代政治民主下的一种常态；另一方面，作为普通的民众，多数除了关心自己的“一亩三分地”以外，对于村里的事务都不甚了了，对于更高层面、更广范围的乡一级事务，更因缺乏必要的了解，而显示出巨大的隔膜，这时，“检查政府工作”的不能实现，除了民众的不敢、不愿，还有客观存在的“不能”，即因信息不对称、议政能力不足而导致的难以有效“检查”。对于农民，选举本应是展示自己“权力主体”的时刻，但自上而下的宣传和动员，选举大会仿佛又变成“上意下达”的另一种方式，未能充分地反映民意。尽管如此，相较于几千年的专制统治，边区的民众第一次拥有了作为主人翁的“权利”意识，它通过选举这一实践，被激发出来。

试选中凸显的另一个难题是选举与征粮的矛盾。由于选举与征粮是在同一时期进行的，干部精力的有限，加上认识的偏差，就导致二者发生了激烈的冲突。选举工作团对此也有反思：“为什么我们搞选举以外，其余干部只注意征粮呢？主要原因是领导不统一。在我们去该乡之前，就已经以县长汤化武同志和副区长梁生裕同志为首而形成了征粮的领导中心。已经当先占有了干部，征粮这回事，最容易吸引干部注意力。等我们去后，作选举工作的就只有以我们为主的了，在他们看来，选举好像妨碍了征粮，我们则看征粮妨碍了选举。虽然汤化武同志也被选举为选委会的委员，并为副主任，但他从县上来时，只有征粮任务而无选举的责任，所以在他看来仍是征粮第一。如果能将这两种工作统一起来集中领导，则两者是能够互相配合得好的，这一问题是值得研究和注意的。”[①]从干部对征粮与普选的认识，也可以看出，选举作为民主的最核心制度，显然还没有被放置在建构政治权力合法性来源这一终极价值中被看待，更多的只是达到形式上“民主”的一个必要手段，因此，选举中也不免掺杂着其他各种工作，比如促进生产、解决乡间纠纷，甚至是使群众“认清了一贯道的实质”[②]。因此，连选举工作团的任务有时也是多样化的，“（选举）工作组就是土地登记、整党工作组”[③]，这时候，且不说功利性的“政绩”考虑，单就工作

① 绥德档案9-5，第6页。

② 《选举委员会会议记录》，绥德档案75-11。

③ 《1946年绥德县第二届参议会总结报告》，绥德档案9-7。

实际而言，要让所有干部都全身心地投入到选举的工作中，几乎是不可能的。

四、结语

自1937年起，自下而上的普遍的选举运动就在陕甘宁边区展开了，选举分乡、县、区三级，不同的选举模式及地域特点，使得选举呈现出复杂的一面。乡级“试选”，由于时间在全面的正式选举之前，又选在问题较多的地方进行，故容易显示出基层选举复杂而又生动的一面，也成为研究陕甘宁边区选举运动的较好切面。从延安川口区一乡试选的情况来看，边区的选举民主和中共一贯的群众路线是结合在一起的。通过选举这一民主实践，实现了深入群众、了解基层问题、改进政府工作的目的，而且还有效地动员了群众议政参政。然而，理想中的民主选举与地方的具体实际还存在较大的差距：部分地方干部对选举存在很多误解，甚至并不当作很要紧的事。普通农民，需要在反复的宣传动员中，才被动地表现出“权利意识”。在调查访问、候选人提名、选举投票等技术性环节，尚存在诸多值得关注的问题。当然，“试选”本来就是为将来的全面选举积累经验，试选中发现的各种问题，及其正面的反思，也正好为日后全面的三级选举顺利进行做出了铺垫，这也凸显出试选在整个边区民主选举过程中的意义。进而言之，川口区“试选”档案，也凸显其珍贵的价值。

作者通信地址：陕西省西安市长安区东大街道办东祥路西北工业大学法学系，邮编：710129。

责任编辑：李强

专题研究

献县史氏家族诗学考述

——以《退思阁诗集》为中心

孙　徵[*]　王新芳[**]

摘　要：献县史氏家族是晚清以迄民国初年的燕赵诗学世家，先后涌现出史光简、史汝箴、史树瑛、史树璋等诗人，其中以史汝箴的成就最高、影响最大。史汝箴密切关注国家民族的命运，其《退思阁诗集》中记录了许多历史事件，具有以诗存史之功。史树瑛《农游杂咏》大多为游览述怀之作，其诗歌既清新流畅，又不乏含蓄典雅之风致。史树璋的诗风豪宕激烈，颇具燕赵诗人慷慨悲歌之概，其诗歌受江西诗派“无一字无来历”说影响较大，用典较为繁密，有时甚至不惜使用僻典，这无疑制约着其诗歌取得更高的成就。

关键词：献县史氏；诗学家族；史汝箴；《退思阁诗集》；民国诗学

在晚清以迄民初的献县史氏家族中，史光简、史汝箴、史树瑛、史树璋等诗人均取得了一定的成绩，其诗歌大都收录于《退思阁诗集》之中。《退思阁诗集》为史汝箴所作，有民国二十二年（1933）铅印本，书后附录其子史树瑛《农游杂咏》及史树璋《凤儒诗草》，实为史氏之家集，后被收入徐雁平、张剑主编的《清代家集丛刊》（国家图书馆出版社，2015年）第12册。今人张纪岩将此本《退思阁诗集》重加辑校，编为五卷：卷一《虫吟小草》、卷二《汴游杂咏》、卷三《晋引诗存》、卷四《赵州吟》、卷五《退思阁诗存》，并连同史树瑛《农游杂咏》、史树璋《凤儒诗草》及

* 孙徵（1971—　），男，河北唐山人，山东大学儒学高等研究院教授，博士生导师。

** 王新芳（1973—　），女，山东临沂人，齐鲁师范学院文学院教授。

史光简《红椒园试帖》一并整理，命名为《史汝箴、史树瑛、史树璋、史光简诗集》，2019年由河北大学出版社出版。今以此本为中心，试对献县史氏家族之诗学特色略做考述。

一、史汝箴《退思阁诗集》考述

史汝箴（1846—？），字右铭，直隶献县韩店人，同治十二年（1873）举人，历任保定府教授、衡水县训导，著有《退思阁诗集》二卷。《退思阁诗集》前有静海高毓浵序曰："献邑史右铭先生，吾乡耆宿，蚤为名孝廉，秉教畿辅各郡邑，所至士林矜式。"[①]《清代官员履历档案全编》于光绪二十九年（1903）六月有史汝箴之履历记录曰：

> 臣史汝箴，直隶献县举人，年五十二岁，现任衡水县训导，六年俸满，经原任直隶总督裕禄等验看，得该员明白安详，年力尚强，堪以保荐，奉文调取。今据直隶总督袁世凯给咨到部，敬缮履历，恭呈御览，谨奏。[②]

［民国］《献县志》曰："史汝箴，大总统褒曰：儒林模范。"[③]民国十三年（1924）五月二十四日颁布的第八百四十一号大总统指令云：

> 令内务总长程克呈耆绅史汝箴，节孝妇蔡陈氏、安张氏，贤孝妇赵曹氏等，行谊难能，恳请特褒，缮单呈鉴由。呈悉。均准颁给匾额，并分别加给褒辞褒章，以资激劝，此令。[④]

---

① 张纪岩辑校：《史汝箴、史树瑛、史树璋、史光简诗集》，河北大学出版社，2019年，第3页。

② 秦国经主编，唐益年、叶秀云副主编：《中国第一历史档案馆藏清代官员履历档案全编》第29册，华东师范大学出版社，1997年，第568页。

③ 薛凤鸣修，张鼎彝纂：［民国］《献县志》卷十一中下，民国十四年（1925）刻本。

④ 中国第二历史档案馆整理编辑：《政府公报（影印本）》第208册，上海书店，1988年，第352页。

作为清朝遗老，史汝箴的思想保守顽固，其政治立场在诗歌中多有反映。如《伏日》云：

自造中华国，吟怀顿减前。岁时新去闰，壬子旧编年。伏有悲鸣枥，挥无先着鞭。浮瓜与沉李，几处杂歌弦。[①]

因对清王朝充满眷恋，而对新成立的中华民国满怀仇恨，故吟怀顿减，从中可见其所持政治立场。又如《感时》曰：

西风瑟瑟满城楼，变阅沧桑易感秋。鄂渚曾惊前度梦，边陲又触此时愁（蒙藏时传不靖）。联盟强国无遗策（列强谋我日甚），独立将军有断头（张勋帅四十营据徐兖成独立势）。南北况犹存芥蒂，当筵谁借箸先筹。[②]

"独立将军有断头"之句表明，其对意欲复辟的辫帅张勋寄予了很大希望。又如《清裕隆太后挽词，时癸丑正月十七日》曰：

心迹光明事可伤，曾将周宋感兴亡。好生只识扶民国，失计谁怜误奏章。旧苑金人新入邺，当年玄鸟枉生商。临终未免留余恨，孤托无言指让皇。[③]

诗中对裕隆太后在袁世凯逼迫下终至失国之事仍耿耿于怀，伤心不已。《感时十四首》是有感于慈禧和光绪在八国联军逼近北京时仓皇西幸之事，诗曰："无计能清外侮尘，皇舆西幸倍酸辛"，"荆棘纵生终剪刈，朝来时望翠华归。"[④]《阅太原行在邸抄有感》曰："数道纶音出上方，普天喜见日重

① 张纪岩辑校:《史汝箴、史树瑛、史树璋、史光简诗集》,第88页。

② 张纪岩辑校:《史汝箴、史树瑛、史树璋、史光简诗集》,第88页。

③ 张纪岩辑校:《史汝箴、史树瑛、史树璋、史光简诗集》,第89页。

④ 张纪岩辑校:《史汝箴、史树瑛、史树璋、史光简诗集》,第34、35页。

光。燕山云影飞尘急，一一从龙向晋阳。”[①]从这些诗句中可看出其对清廷的拥戴与忠诚。

史汝箴的某些政治立场虽然体现了其思想的局限性，然而作为一个传统的知识分子，其在诗中时时关注国家民族命运的忧国忧民之情仍然值得肯定。特别是其诗歌中记录了许多历史事件，具有以诗存史之功效。如《正月十三日保阳兵变》曰：

乐奏旗扬各界忙（十二日，各界执五色旗游行庆祝共和），谁知兵变起仓皇。火光彻夜烟千丈，枪弹飞空雨一场。搜尽黄金归盗薮，剩余焦土感阿房。未遭此劫由天幸，又得儿书慰远望（瑄儿于十二日赴京师警厅供职，其夜戍兵先变，火车不通者数日，至十七日始得禀函，方释焦灼）。[②]

1912年3月1日，因不满袁世凯扣减粮饷，驻保定东关的北洋陆军第二镇士兵发生兵变，京师乱兵亦乘列车驶抵保定，一起大肆劫掠，巡警及当地土匪地痞和乱兵同时趁火打劫，沿户搜掠，搞得十室九空、哭声载道，大火彻夜不熄，造成了难以估量的损失。至17日，北洋第六镇兵前来弹压，枪毙兵匪数人，兵变方才结束。其详可参《申报》所载《保定兵劫始末记》《保定兵劫续记》[③]。兵变发生时史汝箴正在保定城中，目睹了整个事件之始末，并以诗纪之，堪称诗史。此外，史汝箴还有《五月十二日京师巷战》《岳警》《闻连复岳州、长沙》《直皖兵争》《近闻榆关道直奉又各增防感赋》《阅报有感》《闻江西滕王阁被焚》《闻美国舰队有来华消息》等诗，这些诗歌记录了清末民初的大量历史事件，反映出史汝箴对国计民生之密切关注，也都具有诗史意义。对史汝箴《退思阁诗集》的价值，张纪岩先生总结道：

诗集不仅给我们展示了作者丰富的人生经历、忧国忧民的情

① 张纪岩辑校:《史汝箴、史树瑛、史树璋、史光简诗集》,第33页。

② 张纪岩辑校:《史汝箴、史树瑛、史树璋、史光简诗集》,第87页。

③ 《申报》1912年3月14日第6版、3月15日第6版。

怀，而且给我们提供了一幅幅近代历史事件画卷，包括庚子之变、日俄战争、辛亥革命、张勋复辟等。同时，诗里面还为我们提供了清代晋引制度、科举制度、考课制度以及献县地域内的人文资料等，具有较大的史料价值，为我们研究近代史提供了史实依据。[①]

关于其诗学宗旨，史汝箴于《退思阁诗集》之《自序五》曰：

盖自诗学沿流，体随代异，风雅选骚之旨渐失其真，和平中正之音终由乎志。余于诗，幼而爱之，长而习焉。第以识惭豹管，学陋牛涔，不敢专仿名家，别思树帜，聊藉微吟小草，见写拘墟，工拙不计，惟求自适而已。虽囊投有句，无孙兴公掷地之声；而稿笑重看，有宗少文卧游之趣。凡所遭逢之境、游历之区，变阅沧桑，尘惊战伐，无不笔之于诗，以识一时之感。[②]

虽然史氏在序中表示自己并不刻意模仿名家，但实际情况并非如此。高毓浵序曰："其音和以舒，其质厚而茂，盖得香山、剑南之神髓，而涵养于冲夷以出之者，宜其精神之弥固，而眉寿亦与为无穷欤。"[③]高氏指出，史汝箴之诗得白居易、陆游之神髓。实际上史汝箴瓣香所在绝不只限于此，他对唐宋诸大家多有所学习和借鉴。总的来看，史汝箴的大部分诗歌通俗浅切，确实颇近白体，故其《吟稿书后》云："遣闷消愁浅近辞，妄灾梨枣任人嗤。"[④]另外，史汝箴《自遣》云："诗吟杜工部，书法赵吴兴。"[⑤]《立夏前三日偶成》："久避钱神贵，囊空不待倾。茅屋悲杜甫，衾布质阳城。"[⑥]这些诗句透露出其诗歌学杜的信息。史汝箴诗中时可见到学杜痕迹，如

---

① 张纪岩辑校:《史汝箴、史树瑛、史树璋、史光简诗集》前言,第2页。

② 张纪岩辑校:《史汝箴、史树瑛、史树璋、史光简诗集》,第9—10页。

③ 张纪岩辑校:《史汝箴、史树瑛、史树璋、史光简诗集》,第3页。

④ 张纪岩辑校:《史汝箴、史树瑛、史树璋、史光简诗集》,第172页。

⑤ 张纪岩辑校:《史汝箴、史树瑛、史树璋、史光简诗集》,第11页。

⑥ 张纪岩辑校:《史汝箴、史树瑛、史树璋、史光简诗集》,第19页。

《芦帘》“清簟恰宜人对弈”[①]，化自杜甫《七月一日题终明府水楼二首》其二“清簟疏帘看弈棋”；《感时十四首》其十三“天时人事近何如”[②]，《有感》“天时人事莫相猜”[③]，出自杜甫《小至》“天时人事日相催”；《廉颇墓》“中原思将帅”[④]，化自杜甫《奉寄高常侍》“中原将帅忆廉颇”；《和粟仲华留别原韵》“径花时扫每躬亲”[⑤]，化自杜甫《客至》“花径不曾缘客扫”；《感时二十首》其十“洗兵何日挽天河”[⑥]，化自杜甫《洗兵马》“安得壮士挽天河，净洗甲兵长不用”。诸如此类，不暇枚举。此外，《上元日游保定公园用东坡游黄州女王城诗韵》《燕京除日用东坡尖叉韵》则有模仿苏诗的痕迹。史汝箴的诗歌爱用典故，颇多宋调，然宋诗之弊在其诗中也有明显的体现。如《时局》“前后表陈空忆葛，十三篇在敢师孙”[⑦]，此联为了对仗工整，将“诸葛亮”略称为“葛”，将“孙武”缩略为“孙”，影响了诗句的顺畅表达，明显是削足适履之举，堪称败笔。类似的情况在其诗中还有一些。此外，用典繁密，议论过多，率尔命笔，在史汝箴诗歌中亦有一定的体现，兹不赘述。

二、史树瑛《农游杂咏》考述

史树瑛，献县人，汝箴子。《农游杂咏》前有其弟史树璋所撰《选序》云：

> 家兄以农专毕业，从事北京农场中垂三十年，自万生园开办以迄于今，靡役不与，躬亲树艺，自托老农，几如桃花源中人，不知有魏晋。余游江南北，得间辄北归，每于京尘扰攘中晤对一室，常愧弗如。其胸怀恬淡，多见于诗，不争一字之工，不作可

① 张纪岩辑校:《史汝箴、史树瑛、史树璋、史光简诗集》,第17页。
② 张纪岩辑校:《史汝箴、史树瑛、史树璋、史光简诗集》,第34页。
③ 张纪岩辑校:《史汝箴、史树瑛、史树璋、史光简诗集》,第58页。
④ 张纪岩辑校:《史汝箴、史树瑛、史树璋、史光简诗集》,第51页。
⑤ 张纪岩辑校:《史汝箴、史树瑛、史树璋、史光简诗集》,第60页。
⑥ 张纪岩辑校:《史汝箴、史树瑛、史树璋、史光简诗集》,第84页。
⑦ 张纪岩辑校:《史汝箴、史树瑛、史树璋、史光简诗集》,第156页。

传之想，天机所至，自然成诵。得句恒佚，其存者亦不轻示人，故知其以诗鸣者甚鲜。[①]

从此序可知，史树瑛一生在北京从事农业相关的工作，并不刻意为诗人，故其《农游杂咏》仅存诗歌21首。从题材内容来看，《农游杂咏》中绝大多数诗歌都是史树瑛作为农业官员巡行各地的游览述怀之作。如《出居庸关》题下注曰："时赴京绥全线劝农。"[②]知其曾沿京绥线巡视，《游沙城老龙潭》《新保安车站观雨》《早发张家口》等诗应都是此次出行所作。或许是因为旅途匆匆之故，史树瑛之诗多采用五七绝体式，共有14首，另有五律、五古各1首，七律5首。

总的来看，史树瑛的诗歌既清新流畅，又不乏含蓄典雅之风致。如《戏题南山中财神庙》曰："能令物阜与财丰，的是人间第一功。举世正殷庚癸诺，如何远避在山中。"[③]诗的前两句欲抑先扬，说财神庙中的财神能使物阜财丰，为功不浅；后两句又陡然一转，说人间正是迫切需要钱粮之时，而财神却为何躲入深山之中呢？紧扣诗题之"戏"字，颇为耐人寻味。诗中的"庚癸诺"乃是僻典，语出《左传 · 哀公十三年》："吴申叔仪乞粮于公孙有山氏……对曰：'粱则无矣，粗则有之。若登首山以呼曰庚癸乎，则诺。'"注曰："《越绝书 · 计倪内经》分货为十等，甲乙为高等货，庚为下等货，癸更下。"[④]史树瑛之弟史树璋《齐省长六十寿诗》其二云"比户未闻庚癸诺，相公原是甲辰雄"[⑤]，亦是使用此典，这说明史氏兄弟同样有爱用僻典的倾向。又如《新保安车站观雨》曰："春云密布雨如丝，正是山村播种时。到此不徒田畯喜，劝农今日有新诗。"[⑥]诗意虽明白晓畅，但末句"田畯喜"系用《诗经 · 七月》"田畯至喜"之语典。《出居庸关》尾联"总逾函谷险，不待一丸封"[⑦]，乃是反用《后汉书 · 隗嚣传》

① 张纪岩辑校:《史汝箴、史树瑛、史树璋、史光简诗集》,第175页。
② 张纪岩辑校:《史汝箴、史树瑛、史树璋、史光简诗集》,第176页。
③ 张纪岩辑校:《史汝箴、史树瑛、史树璋、史光简诗集》,第177页。
④ 杨伯峻编著:《春秋左传注》,中华书局,1981年,第1679页。
⑤ 张纪岩辑校:《史汝箴、史树瑛、史树璋、史光简诗集》,第218页。
⑥ 张纪岩辑校:《史汝箴、史树瑛、史树璋、史光简诗集》,第176页。
⑦ 张纪岩辑校:《史汝箴、史树瑛、史树璋、史光简诗集》,第176页。

"请以一丸泥为大王东封函谷关"之语。又如《闪电河道中》尾句"牛羊又到下来时"[①]，系化用《诗经·王风·君子于役》之成句。《正定大佛寺讲演》曰："妙相庄严石不磨，千年古寺尚巍峨。点头非说生公法，劝稼曾容我一过。"[②]第三句系反用晋末高僧竺道生"道生说法，顽石点头"之典。此外，史树瑛诗歌中亦有不用典故、纯任自然之作。如《夜渡黄河》云："灯火连天照逝波，役车午夜渡黄河。长桥十里如虹贯，始信神工鬼斧多。"《登黄鹤楼》云："鹦鹉洲前草自芳，千年黄鹤竟高翔。老农到此无他感，惟有临风忆故乡。"[③]这些诗无复依傍，仿佛信口脱出一般，反而能够更为顺畅地表达诗人的情感。

三、史树璋《凤儒诗草》考述

史树璋，字凤儒，号明湖钓徒、河北诗隐，献县人，汝箴子。早年求学京师，入京师大学堂师范馆。于民国八年（1919）任萧县知事，代理丰县知事。据民国十四年（1925）七月十八日《政府公报》载："前代理丰县知事史树璋，抗令生事，违背职务……着交文官高等惩戒委员会依法惩戒。"[④]后被停职六个月。民国十六年（1927）任安徽烟酒事务局局长，十七年（1928）六月任第一集团军第二军团总指挥部军法处长[⑤]。民国十八年（1929）任济南历城县长，卸任后寓居济南，自号小隐。高毓浵在《退思阁诗集序》中称其为"贤嗣凤儒大令"，又云："凤儒博达能诗，有治略，重节概，其得力于家学者多矣。"[⑥]

史树璋生当清末民初之际，诗中的易代之感颇多。和其父史汝箴一样，史树璋亦有一定的遗老遗少思想，常为清廷之倾覆而痛惜伤怀，只是没有其父史汝箴表现得那么强烈而已。《凤儒诗草》前有交河苏耀宗《题词》曰："好古悲歌韩吏部，高名继世戴王纶。开编字字怜珠玉，知是新

① 张纪岩辑校：《史汝箴、史树瑛、史树璋、史光简诗集》，第177页。
② 张纪岩辑校：《史汝箴、史树瑛、史树璋、史光简诗集》，第178页。
③ 张纪岩辑校：《史汝箴、史树瑛、史树璋、史光简诗集》，第178页。
④ 中国第二历史档案馆整理编辑：《政府公报（影印本）》第221册，第317页。
⑤ 张研、孙燕京主编：《民国史料丛刊》第244册，大象出版社，2009年，第173页。
⑥ 张纪岩辑校：《史汝箴、史树瑛、史树璋、史光简诗集》，第3页。

亭泪点新。”[①]“新亭泪点”云云，说的也正是史树璋诗中此类内容。作于辛亥革命之年的大型组诗《哀影吟》正是其易代之际心态的代表作，诗序云：“某家居燕赵，只解悲歌；旅食京华，谁伤沦落？……斯世滔滔，又遭离乱。恨不学万人敌，逐鹿关中；徒自抱七尺躯，闻鸡夜半。慨用武之无地，惟走笔以自娱。感叹世变，激越商音。计自变起，迄于停战，得诗卅九首。虽词未工，而意皆有指。愿效离鸿之警，梦醒龙城；欲呈万象之形，光分犀渚。名曰哀影，附会吟坛。呜呼！中原已矣，悲哀讵止江南；君子如何，形影还期天末。此日倘评月旦，休疑乱世之音；他年若序风骚，知系伤时之作。”诗云：

落拓他乡剧可哀，雄心生怕岁华催。帝京人物随秋老，武汉军声动地来。壮士不还如易水，黄金无复有高台。天涯漂泊知何似，辜负黄花次第开。

月明千里共中秋，黄鹤楼前倦夜游。警报忽来群看剑，将军从此不鸣驺。长江自古称天险，大错于今竟九州。三楚健儿齐拍手，亡秦何必事狐篝。[②]

总之，史树璋在组诗中对摇摇欲坠的腐朽清廷仍寄予莫大期望，且斥武昌革命为“大错”，他于时代剧变中欲奋身效力，却又请缨无路，因此在诗中极尽哀叹痛惜之情。虽然史树璋未能认清历史发展的潮流，选择站在清廷的立场上敌视辛亥革命，但这些诗歌真实记录了旧式文人于时代激变中的心路历程，亦有一定的认识价值。此外史树璋还有《德宗挽词》，哀悼光绪帝之死，也都能窥见其政治立场。

通观史树璋的《凤儒诗草》，可以感受到其诗风豪宕激烈，颇具燕赵诗人慷慨悲歌之概。如《侠少年》云：

碣宫崩倒金台圮，后三千年无奇士。英雄不幸入屠沽，干将化作经天气。南昌先生应运生，不与豺狼共朝市。陈东本是人中

---

① 张纪岩辑校：《史汝箴、史树瑛、史树璋、史光简诗集》，第184页。

② 张纪岩辑校：《史汝箴、史树瑛、史树璋、史光简诗集》，第200页。

龙，东鲁诸生安足齿。黄金千斤轻一掷，醇酒千杯尽一吸。浊禄千钟耻一食，惟将肝胆酬知己。朝逢丞相嗔，暮系长安狱。谈笑囚南冠，慷慨歌金石。将军难护解家贫，茂陵豪富从今徙。太学千人尽白衣，一世之雄真去矣。男儿不作无名死，博浪一椎犹待尔。①

诗中对南宋学生运动领袖陈东舍生忘死的侠义精神进行歌颂，对张良于博浪沙刺杀秦帝之举亦高度认同，这些都反映出诗人慷慨激烈的性格。史树璋的诗歌常给人一种剑拔弩张、圭角尽露之感，这正是燕赵诗人侠义精神的反映。又如《拟古诗十九首》其三曰：

青青陵上柏，恒为不平鸣。游子远行役，时闻长叹声。长安多显宦，轮蹄般九城。辇金走都下，布衣跻公卿。叔世重富贵，伦纪鸿毛轻。大盗忽移国，侠士死无名。②

《古诗十九首》多游子思妇之词，以深衷浅貌著称，而史树璋的拟作却一改原作的平易深婉，变得慷慨激烈，对大盗移国、侠士身死的社会现实愤愤不平，此类诗中体现出的刚劲豪健诗风也正是其侠烈个性的反映。另如《九月登西山放歌》《登雨花台》《陈氏周鼎歌》《观滕县古物歌》，都写得恣肆奔放、慷慨豪健，代表了史树璋诗歌的主体风貌。

至于其诗学宗尚，史树璋在《凤儒诗草自序》中云："余少喜吟咏，兴至辄成篇，顾造诣未深，不足与言诗也。及长，游学京师，稍涉猎新旧，友天下之士，自以为较进，然仍无宗法。旋阅关山，涉江河，奔走四方，为诗始识门径，每欲瓣香少陵、玉溪、山谷、青田，常苦力有未逮，不敢以诗质人者有年。"③通过其自述可知其诗有兼综唐宋的倾向。今检《凤儒诗草》，发现其中确有学杜之痕迹。如《归兴五首》之题注曰："用工部《重游何将军园林》韵"，可知其有意效仿杜诗。又有《四哀吟》，乃仿杜

① 张纪岩辑校:《史汝箴、史树瑛、史树璋、史光简诗集》,第190—191页。

② 张纪岩辑校:《史汝箴、史树瑛、史树璋、史光简诗集》,第195页。

③ 张纪岩辑校:《史汝箴、史树瑛、史树璋、史光简诗集》,第183页。

甫《八哀诗》。《哀影吟》则篇章字句上全学杜甫。此外，《寿朱渐逵道尹》"大鹏冀拂渤海水，扶摇而上九万里"，直接化用李白《上李邕》"大鹏一日同风起，扶摇直上九万里"。《二月二日效玉溪体》曰：

二月二日城上行，春城处处闻啼莺。和风丽日偶相值，近水远山皆有情。十里平湖新柳外，谁家楼阁绣帘横。美人正忆辽西梦，枕上犹余杀敌声。[①]

此诗于题中明言"效玉溪体"，所仿即李商隐的《二月二日》，李商隐诗曰：

二月二日江上行，东风日暖闻吹笙。花须柳眼各无赖，紫蝶黄蜂俱有情。万里忆归元亮井，三年从事亚夫营。新滩莫悟游人意，更作风檐夜雨声。[②]

经比较可以发现，史树璋此诗完全脱胎于义山，从中可见其对李商隐诗歌的效仿和学习。除了李商隐之外，在晚唐诗人中，史树璋亦学温庭筠，如《过下邳忆陈琳墓》曰：

笔挟风雷一檄传，建安余子已如烟。诸侯放恣犹今日，词客飘零似往年。蹊土一抔空想象，遗文千载动流连。飞卿徒起从军志，书剑相过倍惘然。[③]

此诗乃是温庭筠《过陈琳墓》的仿作，温庭筠诗云：

曾于青史见遗文，今日飘蓬过此坟。词客有灵应识我，霸才无主始怜君。石麟埋没藏春草，铜雀荒凉对暮云。莫怪临风倍惆

---

① 张纪岩辑校：《史汝箴、史树瑛、史树璋、史光简诗集》，第226页。

② 刘学锴、余恕诚：《李商隐诗歌集解》，中华书局，2004年，第1325—1326页。

③ 张纪岩辑校：《史汝箴、史树瑛、史树璋、史光简诗集》，第218页。

怅，愿将书剑学从军。[①]

史树璋之诗与温庭筠原作的相似度较高，不过温庭筠原诗只尽限于个人伤怀，史树璋此诗则加入了对时事的忧虑，并说“飞卿徒起从军志”，在原作的基础上又翻进一层，故而将怀古伤今的主题表现得更为深刻。此外，史树璋《卜居》“万山排户绿，一柿向人黄”，似仿王安石《书湖阴先生壁》“一水护田将绿绕，两山排闼送青来”，然却并不是学古不化，而是能加以变化，故能新警动人。

史树璋受江西诗派的影响最大，这导致其诗歌讲究“无一字无来历”，用典较为繁密，有时甚至不惜使用僻典。如《九日登外城》其二颈联曰：“空余易水寒荆庆，枉矢浮图报进明。”[②]下句“枉矢浮图报进明”是用唐朝安史之乱期间张巡部将南霁云乞师贺兰进明之事。韩愈《张中丞传后叙》载：“云知贺兰终无为云出师意，即驰去。将出城，抽矢射佛寺浮图，矢著其上砖半箭。曰：‘吾归破贼，必灭贺兰，此矢所以志也。’”[③]上句的“荆庆”同“荆卿”，即荆轲，不过从声律来看，此句为单数句，尾字应仄，而“卿”或“轲”字均为平声，故史树璋为了适应平仄声调，特意将“荆卿”写成“荆庆”。《战国策·赵策三》曰：“内无孟贲之威、荆庆之断，外无弓弩之御，不出宿夕，人必危之矣。”[④]此典之“荆庆”并非荆轲，而是指成荆与庆忌，均为古代勇士，然却与“易水寒”毫无关联。古人用典讲求使事无痕，如水中着盐，而此处像“荆庆”这样僻典的使用，却使得诗歌生硬难懂，无疑损害了诗歌自然流畅之美，难免会得不偿失。不过史树璋诗中有些典故用得含蓄隽永、耐人寻味，亦不乏成功之例。如《高潜子为定诗稿特柬》：“小草处山为远志，仙人有著活枯棋。”[⑤]上句出自《世说新语·排调》：“于时人有饷桓公药草，中有‘远志’，公取以问谢：‘此药又名小草，何一物而有二称？’谢未即答。时郝隆在坐，应声答曰：‘此

① （唐）温庭筠著，（清）曾益等笺注：《温飞卿诗集笺注》卷四，上海古籍出版社，1980年，第97页。

② 张纪岩辑校：《史汝箴、史树瑛、史树璋、史光简诗集》，第189页。

③ （唐）韩愈著，刘真伦、岳珍校注：《韩愈文集汇注校笺》，中华书局，2010年，第297页。

④ （西汉）刘向集录：《战国策》卷二十，上海古籍出版社，1985年，第712—713页。

⑤ 张纪岩辑校：《史汝箴、史树瑛、史树璋、史光简诗集》，第216页。

甚易解，处则为远志，出则为小草。'" [①]又如《登雨花台》："高台不知白日老，大旗独向秋风斜。"[②]《重过漂母祠》："一饭见怜嗟世冷，几人到此叹途穷。"[③]这两联意境鲜明，对仗工稳，颇见锤炼之功。然总体来看，史树璋的诗歌颇多江西诗派掉书袋之弊，这无疑制约着其诗歌取得更高的成就。

总之，《退思阁诗集》所载史汝箴、史树瑛、史树璋等诗人之诗歌创作反映了清末民国的许多社会现实，具有一定的认识意义。作为一个文学世家，献县史氏家族的诗歌创作多能兼综唐宋，且受江西诗派的影响较大，家族中的诸位诗人各自取得了不同成绩，在晚晴以迄民国的燕赵诗坛上产生了一定影响，因此献县史氏家族理应在清代燕赵诗学史上占有一席之地。兹试作简要考述如上，所论未必允当，希望海内方家不吝指正。

作者通信地址：山东省济南市山大南路27号山东大学儒学高等研究院，邮编：250100。

责任编辑：王亚宏

① （南朝宋）刘义庆著，（南朝梁）刘孝标注，余嘉锡笺疏：《世说新语笺疏》，中华书局，2011年，第695页。

② 张纪岩辑校：《史汝箴、史树瑛、史树璋、史光简诗集》，第210页。

③ 张纪岩辑校：《史汝箴、史树瑛、史树璋、史光简诗集》，第217页。

从招股印书到预约发售

——浅谈中国近代出版史上一种特殊出版经营模式

陈　颖*

摘　要：清末股份制这一新型经济组织形式传入中国，并很快影响到国内各行各业，近代出版史上的招股印书及预约发售就是借鉴股份制而形成的一种新的图书出版经营模式。本文根据《申报》上刊登的有关广告以及相关文献史料和出版物，对招股印书及预约发售在近代的兴起和发展历程做了较为全面的梳理和探讨，进而阐发这种特殊的出版经营模式对近代中国出版业发展、大型国学典籍向社会的流传和普及等方面所发挥的独特作用及重要影响。

关键词：招股印书；预约发售

1872年中国第一家股份制企业——轮船招商局开业，标志着股份制这一西方融资经营模式正式走入中国。之后随着股份制不断被国内工商界接受，也逐渐影响到了出版业，近代出版史上的招股印书和预约发售，就是借鉴股份制形成的一种新的图书出版经营模式。所谓招股印书，简称股印，是出版者通过报纸等媒介发布出版意愿，并以优于定价的价格招人预定，当预定数量达到出版者要求时，再以筹集到的预定款作为出版资金，最终实现出版的一种经营模式。预约发售的基本情况与招股印书相似，是招股印书发展到后期的一种更为确切的称谓。这种出版模式对出版者来说既解决了出版资金，又确定了出版数量，从而大大降低了出版风险；对预订者来说，则能够以较低的价格获得书籍，从而形成双赢的局面。因此这种模

*　陈颖（1969—　），女，上海图书馆历史文献中心研究馆员。

式很快就展露出其旺盛的生命力，迅速在近代出版界推广开来，并最终发展为一种常态化出版经营模式。关于招股印书和预约发售，学界的研究成果不多[①]，并存在一些误解、误判。本文力图以《申报》刊登的相关广告为核心，辅以相关文献史料和出版物，考察这一特殊出版经营模式，进而深入而客观地揭示和剖析其发展历程，以及其对于中国近代出版业发展、大型传统典籍向社会的流传和普及等各方面所产生的独特作用和积极影响。

一、招股印书的兴起和首部招股刊印成功的图书

1.《申报》上最早刊登的集资印书广告

1880年12月2日，一则署名啸园主人的广告《述古斋拟刻〈袖珍廿四史〉集资章程》在《申报》第五版刊发，这是《申报》上最早的一则有关招股印书的信息，占据了《申报》一个整版。广告主要内容包括四方面：一是强调将《二十四史》缩印为袖珍版的必要性，并宣称准备于该年秋季集资翻印袖珍本《二十四史》；二是说明资金取得方式是向社会发售股票，发售的总股金为50000两规银，共分为50股，每股1000两，采取分五年支付的方式，并预期五年后书印行时，只需售出1000部就能收回股本，之后再售出的书及刻版就将成为余利，各股东可以分得相应红利；三是阐述整个计划方案，如购买材料、招聘人员、租赁厂房，及打算另设“述古斋刊刻局”专门进行这项工程等具体计划；四是对参股者的其他承诺，如将参股者姓名刻于卷首，参股者可享受购书八折优惠，并于售出1000部后，分两三年拨还股本，还清后另立股折，继续按年分得余利中的一半，另一半则作为再投资，以期继续刊刻其他珍籍[②]。

啸园主人葛元煦是杭州人，太平天国期间旅居沪上，在租界生活十五

---

① 目前专门探讨招股印书和预约发售的研究成果，较为深入的有廖梅发表在《档案与史学》2002年第3期上的《晚清的民间招股印书》，孙文杰在《中国出版》2012年第4期上发表的《论清代书业营销策略》中第二部分，及其专著《中国图书发行史》第九章中的相关内容。此外，叶再生的《中国近代现代出版通史》、陈昌文的《都市化进程中的上海出版业（1843—1949）》、吴永贵的《民国出版史》等专著也都有所涉及，但仅止步于简单的叙述，而非专门的深入研究。

② 《述古斋拟刻〈袖珍廿四史〉集资章程》，《申报》1880年12月2日，第5版。

年，是介绍上海开埠初期历史变迁《沪游杂记》一书的作者，并因此为后人所知。葛氏于1876年创办啸园刊书馆，一年后改称啸园书局，该书局以雕版刊印书籍为主业，出版有《啸园丛书》(58种)。葛氏发布在《申报》上的这个集资印书的计划考虑周详，堪称一份十分完备的招股计划书。不仅对集资的方式、规模及刻版、校勘、纸张、装订等具体因素都有极为详细的设想，还考虑到这个集资刊印的项目因涉及面广、资金来源复杂，需独立于原先的书局，所以计划“另立述古斋”，尤其他还对归还本金、分红等做了十分周到的设想，同时也有着相当长远的规划，预备留一半红利进行可持续发展。但可惜的是，由于当时风气未开，对这样的商业运作，一般读者、市民一时还不能接受，因而响应者寥寥，计划最终落空。然而，虽然目前还没有证据证明这个《章程》对后来出版界的影响，但刊登在当时最具影响力的第一大报《申报》上的这个整版广告却成为一个信号，为众多出版人竖立了一种观念——出版业也可以像其他行业一样向社会融资，而他的计划书也为出版业在扩大资本、筹措资金方面由封闭走向开放提供了理论上的可能性。

2.最早实现招股印书的出版机构

《述古斋拟刻〈袖珍廿四史〉集资章程》发布两年多后，招股印书的广告再次出现在《申报》上。1883年点石斋印书局和同文书局相继在《申报》上发布招股印书的广告，开启了他们各自的首次招股印书工程。

1883年6月2日《申报》第一页上刊登了点石斋主人发布的广告《招股缩印〈古今图书集成〉启》，这是点石斋发布的第一则招股印书广告。其主要内容如下：

> 《招股缩印〈古今图书集成〉启》：……本斋现有照相石印之法，拟将此书（指《古今图书集成》）缩小照印。惟工本太巨，且非点石斋一处所能告成，须得另设一处，广招人工，约三易星霜，当可脱手。是以现欲集股份约一千五百股，每股共出规银一百五十两，分三次收取，其第一年收银五十两，第二年再收五十两，至出书时再收五十两，每次收银照数掣发收据，俟三年完工。每股取书一部，本斋除照股外，誓不多印一部。倘印成后有股诸君或不愿取书自阅，本斋又可另立一售书公司，凡有股者

存书一部，则掣给售书公司股单一张，其书定价每部约六百两上下。……俟发售三月即将所售之书银，照股匀摊以昭公允，售尽停止。其售书之事，本斋亦愿经手，惟每百两取回用银五两耳。现定于本年五月初一日起挂号，大约越两月可以开工，至开工后，不再收股。欲入股者，请先将银五十两交至申报馆，当由申报馆点石斋盖用图章，并由美查洋行主人亲签西字为凭，给发收单，并将现已印出之样张一纸随收单附阅，将来此书开印版口之大小，悉照此原样纸。其字已较点石斋所印之《康熙字典》放大，盖取便于翻阅也。如远处诸君亦愿入股，其股银可由票号汇来，收单即交原票号带回，转寄当亦无误也。按，刊印此书工本颇多，近数百年内，恐未必有大力者重刊，则今之所印者，数传后必当视为珍帙，故海内藏书家苟欲为邺架曹仓增色，伏祈早来入股为盼！①

从这则广告可以看出，点石斋预备以招股方式石印翻印《古今图书集成》(以下简称《古今》) 1500部，设每部书为一股，每股规银150两，每年50两分三年交齐。完成全书印制后，认股者可以领书一套，如不愿领书，则点石斋可代为出售，定价每部约600两上下，但需按5%收取手续费。这则广告发布之时，正值点石斋出版石印缩印的《康熙字典》大获成功，美查希望趁势出版《古今》以谋更大利益。但由于《古今》是当时中国最大规模的类书，整部书有万卷之巨，点石斋一时难以筹集到这样的巨额资金，故善于经营的美查想到了招股印书这一方法并加以施行。

商场如战场，美查招股印书的广告见报一个多月后，同文书局的招股印书广告也于7月15日在《申报》第四版上发布：

《同文书局石印〈古今图书集成〉启》：……本局现以万余金购得白纸者一部（指《古今》），用以缩印，又以六千金购得竹纸者一部，用以备校，约两年为期，其工可竣。兹先附石印样本五纸，价式开明具列如下：袖珍本小字者每股计银一百二十两，字

① 《招股缩印〈古今图书集成〉启》，《申报》1883年6月2日，第1版。

稍放大版亦较阔者每股计银一百七十两，其又大又阔者每股计银二百两，即以原书照印仿古香斋式样者，每股计银三百两，字大行疏如本局现印《廿四史》款式者，每股计银三百六十两。凡欲预定是书者，请先检定何样书式最合尊意，即行布知，本局当准舍寡从众之例，以定指归。所有交来预定股分〔份〕，现银即行掣取收据，其银分作两次缴清。一俟书成之日，立即验据付书，以昭公信。特此启闻。徐润雨之氏谨识。外呈石印样本五纸，凡欲预定是书，近则亲至上海美租界虹口西华路中本局及北市各书坊交银领据，远则请各就附近之招商局、中国电报局、西庄票号交银取据，与在本局无异。所有本局招集股分〔份〕，以一千五百股为率。于六月初五日为始，八月初六日止截，务祈以速为贵，庶几不日开办，易于竣工，俾海内承学之士得以先睹为快也！

另附《同文书局石印〈廿四史〉启》：

……本局现以二千八百五十金购得乾隆初印开花纸全史一部（指《殿版二十四史》），计五百余本，不敢私为己有，愿与同好共之，拟用石印较原版略缩本数，则仍其旧，如有愿得是书者，预交英洋一百元掣取收条，俟出书后挨号给全史一部，限以一千部为止，逾额另议价值，特此启闻。徐润雨之氏谨识。[①]

由这则广告不难发现，同文书局广告与点石斋广告内容相似，但购股者可以选择的版式更多，共有五种，代理处也更多，除“本局”外，另有北市各书坊，各处的招商局、电报局及西庄票号。此外，这则广告还附带了招股翻印《二十四史》的启事，无意中为后来同文书局招股出版《古今》不成，转而改印《二十四史》做好了铺垫。而实际上，在这则广告发布之前，同文书局早有“点石缩印”《古今》和《二十四史》的打算，这从其同年6月21日发布的广告中即可得知：“《同文书局告白》：本局点石缩印《古今图书集成》及《二十四史》昨已开印，业将样纸寄存各埠轮船

① 《同文书局石印〈古今图书集成〉启》，《申报》1883年7月15日，第4版。

招商局以便诸君惠临先览。”[①]其中对招股只字未提，那么为什么在不到一个月后，突然又发布招股的广告呢？是因点石斋的招股广告对徐润产生了影响，还是本就是中国第一家股份制企业轮船招商局的大股东的徐润突然脑洞大开，现已不得而知，也可能是兼而有之吧。

不论徐润是何想法，同文书局的这则广告发布后，立即形成了一个点石斋和同文书局同时招股翻印《古今》的竞争局面。期间两家书局都在《申报》上发布了大量广告。而也许因为美查是《申报》的老板的缘故，在广告的投放力度、时间和刊载版面等方面，点石斋都占据了绝对优势。这次广告大战两家广告的刊载情况见表1：

表1　招股翻印《古今》广告刊载情况

广告投放机构	广告标题	时间跨度	广告所在版面
点石斋	招股缩印《古今图书集成》启	1883年6月2日至11月26日	第1页第1条
同文书局	同文书局石印《古今图书集成》启	1883年7月15日至8月13日	第4—9页之间

从表中可以看出，同文书局的招股广告只发布了不到一个月，而且仅发布在报纸比较靠后的第4页到第9页，而点石斋的广告则每日头版头条，共发布了半年之久，孰强孰弱一目了然。

同时，由于同文书局最终根据读者要求，“本局拟印《古今图书集成》，曾列书样五种，印送海内诸大雅酌正，现经众论评定，咸以每股收银三百六十两者一种”[②]，选择了其所提供样本中定价最高的一种，相对点石斋的180两，在价格上也失去优势，因而最终结果可想而知。同文书局在发布广告后，仅印制了20册目录就不得不暂停了该出版工程。不过值得一提的是，徐润并没有放弃与《古今》同期推出的《二十四史》的招股及刊印，并最终完成了同文书局的第一次招股印书。

3.第一部通过招股印书成功刊印的图书

对于第一部通过招股印书印行的图书是哪一部，学界一直以来有着不

---

① 《同文书局告白》，《申报》1883年6月21日，第5版。

② 《同文书局告白》，《申报》1883年10月31日，第6版。

同的结论。有研究认为是点石斋的铅印扁字版《古今》，也有认为是同文书局的石印本《二十四史》。那么究竟是哪一部呢？关于这一点，从当年刊登在《申报》上的相关广告中可以得到一些有价值的线索。

点石斋在广告大战中胜出后，就逐步开启了其浩大的刊印工程。1883年6月24日点石斋在《申报》发布《购到〈古今图书集成〉启》，称已购得白纸《古今》一部可作为底本。9月16日又发布《本斋告白》，称已购地皮将另建印书馆，并已向海外购买机器。1884年1月10日发布《致股印〈古今图书集成〉诸君启》，称："将石印之小字样与摆版之大字样各印一纸，随信分寄有股诸君，听凭选择。"[①]这里的"摆版之大字样"几个字十分关键，所谓"摆版"即指铅字排印。2月21日又发布《股印〈古今图书集成〉告白》，称："本斋招股开印《古今图书集成》，现已定为大字。"[②]由此可以看出这时点石斋已一改最初的石印计划，代以铅字排印为主的方式进行翻印。而点石斋最终翻印的《古今》是铅印和石印相结合的版本，即文字部分采用铅字排印，绘图部分采用石印。

1884年9月4日申报馆主人正式在《申报》刊发《开印〈古今图书集成〉告白》：

> 本馆纠股排印《古今图书集成》，曾叠〔迭〕将情形随时登报，惟前印样张之铅字，其字之大小虽已合式，而点画稍未均称，曾有股友来嘱，另换字模，是以乘〔趁〕外洋各机器在途之时，访得一名手刻工，遣善书者写成字样，用黄杨木精镌端楷，铸成字模逐日饬工浇字，惟此书须用之字约共九千余万，方足敷手民排印，故未免稍延时日。近有数股友已将第二次股银送来，本馆以排印未久不便收受，拟于开年刷印多时，再登告白定期收银。恐未周知，用特布告。再本馆前经言明，除股印外，再自增印数百部，兹以此书卷帙浩繁，照原价一百五十两不敷开销，姑俟日后再行酌量定价，合并附闻。[③]

---

① 《致股印〈古今图书集成〉诸君启》，《申报》1884年1月10日，第1版。

② 《股印〈古今图书集成〉告白》，《申报》1884年2月21日，第1版。

③ 《开印〈古今图书集成〉告白》，《申报》1884年9月4日，第1版。

从“本馆以排印未久不便收受”可看出，点石斋的排印工作开始于该年的9月之前不久。而“除股印外，再自增印数百部”则告诉我们其印数在1600部。“此书卷帙浩繁，照原价一百五十两不敷开销”则可看出以每股150两的出银数，难以维持原定的石印计划。

开印告白发布之后，从1883年到1889年之间，点石斋曾多次发布公告，向入股者通报出书进程及所遇到的各种问题和困难，包括当中特别成立图书集成局专门管理《古今》刊印工程。如由图书集成局发布在1888年12月22日《申报》第一版上的《催取〈图书集成〉告白》：

> 本局开印《古今图书集成》，其头二批业已出书，头批四百零八本，二批六百本，凡有已缴三次银两者，请速至申报馆取书，取书时并祈当面检点书勿自误。其尚有未缴二次银两者数十户，请即付缴勿迟。其三批之书亦将次可以装订齐全，特此布启。①

1889年3月26日图书集成局终于发布第三批出书公告，内容如下：

> 《第三批〈古今图书集成〉出书告白》：本局开印《图书集成》一书早已完竣，其第三批书去年底亦经发出，惟恐远处未及周知，特再布告，望诸君早日来取。计第三批书每箱六百二十本，另附一本并留。来取书时当面点明，是为至要，此布。②

根据其中“其第三批书去年底亦经发出”，说明这套书最后于1888年年底前全部印制完成。

点石斋招股印制的这套《古今》每部共1620册，另有目录8册。印行数量应是1600部。至于质量，由于人力物力等各种因素，这套书的错漏之处较多，装订也不尽如人意。但由于这是当时市面上唯一能获得这部巨书的途径（在这之前，这部书只有雍正四年官印的铜活字版60套，一说65套，

---

① 《催取〈图书集成〉告白》,《申报》1888年12月22日,第1版。

② 《第三批〈古今图书集成〉出书告白》,《申报》1889年3月26日,第1版。

基本都掌握在皇室或王公大臣手中），加之价格相对低廉，因而“附股者”非常踊跃，后来更是一书难求。因而可以说点石斋的这次招股翻印相当成功，不仅向出版界证明了招股印书模式的可行性，而且使这部中国当时最大规模的类书第一次较大规模在民间得到普及，这也是点石斋这次招股印书最重要的作用和意义。

接下来我们再来看同文书局的《二十四史》。根据《申报》1883年10月16日第6版广告，同文版石印《二十四史》于1883年10月开印：

> 《上海同文书局启》：本局《图书集成》《二十四史》已于九月初十日（阴历）开描，陆续开印，但前订部额尚未满数，如欲附股者，请早前来预定，特此谨布。①

其中“《二十四史》已于九月初十日开描”说明出版工程已进入实质性阶段，“但前订部额尚未满数”说明虽然工程已开始进行，但因招股数未满，招股的工作也还在进行中。之后同文书局也在《申报》不断发布有关出版进程的公告。其中《申报》1889年10月26日第6版发布的《殿板全史发售启》，证明其最终于1889年10月完成全部711册的印制：

> 本局股印《廿四史》于九月底（阴历）全史告成，与股者请持单来取。②

同文书局翻印的《二十四史》共711册，约四千万字。印制十分精美，板口整齐、纸张洁白、字迹清晰，但可惜的是在底本上有些遗憾（同文书局自称以乾隆四年殿本为底本“照本石印”，但据钱基博研究这部《二十四史》的底本并非乾隆四年殿本③）。尽管如此，由于印制精美，随着时间流逝，这部近代首次以石印技术结合招股方式刊印的大型中文书，亦为收藏界所珍视。

---

① 《上海同文书局启》，《申报》1883年10月16日，第6版。

② 《殿板全史发售启》，《申报》1889年10月26日，第6版。

③ 钱基博著：《版本通义》，岳麓书社，2010年12月，第58页。

那么点石斋的《古今》和同文书局的《二十四史》究竟哪部书是最早采用招股印书方式出版的图书呢？这从两部书的招股广告刊发时间和成书时间可见端倪，如表2所示：

表 2　两书招股日期与成书日期

时间	点石斋《古今》	同文版《二十四史》
首次招股广告的发布时间	1883 年 6 月 2 日	1883 年 7 月 16 日
全部完成时间	1888 年年底	1889 年 10 月 26 日

通过表2的对比，我们可以发现，无论招股的发布时间，还是最终成书的时间，都是点石斋早于同文书局，所以可以确定点石斋铅印扁字版《古今》是我国最早采用招股印书模式出版的图书。而目前学界一些研究成果却认为招股印书（或称“股印制”）的开创者是同文书局，如2011年福建人民出版社出版的《民国出版史》(吴永贵著)、2018年6月陈琳女士发表在《成都师范学院学报》上的论文《同文书局的历史兴衰与石印古籍出版》等。造成这一现象的原因，应该是作者只参考了相关书目，未能全面掌握相关史料的缘故。

而无论是哪家出版机构率先实现了招股印书，他们都最终通过这种新的经营方式，实现了出版业利用社会资金的扩大再生产，为近代出版业的发展成功地提供了一种新的经营发展模式，进而促使中国近代出版业在产销方面更具规模。同时，应该说招股印书在近代出版业由传统迈向现代的进程中起到过重要作用。

二、招股印书的蓬勃发展以及由“招股印书”到“预约发售”的衍变

1.招股印书的蓬勃发展

自点石斋和同文书局成功招股印书后，这种新的经营模式迅速在出版业界流传开来。1883年之后《申报》上招股印书的广告开始增多，据笔者对《申报》广告的不完全统计，1883年至1903年二十年间不同出版机构利用“招股印书”或“预约发售”模式出版的书籍就达59种（见表3）。

表3 出版机构“招股印书”“预约发售”类广告的刊载情况

序号	书名	首次刊载日期	机构[①]
1	《古今》	1883-06-02	点石斋
2	《二十四史》	1883-07-15	同文书局
3	《九朝圣训》	1883-11-17	钦文书局
4	《五经》	1885-05-25	文瑞楼书坊
5	《刑案汇览》	1885-06-27	扫叶山房等
6	《续增刑案汇览》(后又称《新增刑案汇览》)	1885-09-09	聚文堂
7	《八朝东华全录》(又名《续东华录九朝》)	1886-07-04	钦文书局
8	《东华正续录》	1886-07-09	松陵听雨轩
9	《乾坤正气集》	1886-08-07	芜湖城内花街潘宅
10	《佩文韵府》	1886-08-17	点石斋(代晋记启)
11	《佩文韵府》(附拾遗)	1886-09-20	同文书局
12	《资治通鉴》	1886-11-14	詹诚德堂
13	《十三经注疏》	1886-12-02	点石斋
14	《十朝圣训》100册	1887-02-05	慎记
15	《骈字类编》48册	1887-02-05	慎记
16	《朱批谕旨》	1887-02-10	点石斋(代启)
17	《大清一统志》	1887-03-13	蜚英馆
18	《九朝东华录》	1887-05-17	鸿文书局(代贻记启)
19	《经训堂丛书》	1887-05-23	大同书局(代启)
20	《十三经注疏》并校勘记	1887-05-27	脉望仙馆
21	《雍正朱批谕旨》	1887-05-28	广百宋斋
22	《皇清经解》	1887-06-08	上海鸿文书局(代盘记启)
23	《皇清经解》	1887-06-09	积山书局
24	《正续资治通鉴》	1887-06-09	积山书局(代启)

① 包括代发启事的机构及个人。

续表

序号	书名	首次刊载日期	机构
25	《四书古注群义汇解》	1887-08-12	协记
26	《二十四史》	1887-08-15	慎记、和记
27	《士礼居丛书》	1887-08-15	慎记、和记
28	《太平御览》	1887-09-16	蜚英馆
29	《纪事本末》	1887-10-13	扫叶山房、江左书林
30	《西清古鉴》	1887-10-16	崇古庐主人
31	《三希堂石渠宝笈法帖》	1887-10-23	蜚英馆
32	《五经文海》	1887-11-10	乾记
33	《古经解汇函》附《小学汇函》	1887-11-20	步月山房
34	《古经解汇函》《小学汇函》	1888-01-05	蜚英馆
35	《大题文府》	1888-04-14	龙文书局
36	《守山阁丛书》	1888-05-03	义兴书庄
37	《说文解字汇纂》	1888-05-06	鸿宝斋
38	《皇朝五经汇解》	1888-05-23	鸿文书局（代启）
39	《律书渊源》	1888-07-10	龙文书局
40	《经解》	1888-11-19	点石斋
41	《二十四史》	1889-03-27	图书集成局
42	《百汉碑砚》	1890-09-10	抱经庐主人
43	《二十四史》	1891-10-12	育文书局
44	《佩文韵府》	1891-10-12	育文书局
45	《新增刑案汇览》	1892-01-10	图书集成局（代镜古书屋启）
46	《医宗金鉴》	1892-09-17	图书集成局
47	《六科准绳》	1893-04-20	图书集成局
48	《周礼正义》	1897-07-24	算学报馆（汪康年、黄庆澄招股）
49	《古今算学丛书》	1897-10-03	算学书局
50	《渐学庐丛书》	1897-10-28	渐学庐
51	《读史方舆纪要》	1898-08-24	译印经济书会
52	《天下郡国利病书》	1898-09-17	图书集成局（代启）

续表

序号	书名	首次刊载日期	机构
53	《桐城方望溪先生十六种全书》	1899-02-23	嫏嬛阁
54	《三通考辑要》	1899-12-05	通雅堂
55	《九通》	1901-09-04	图书集成局
56	《九通》	1902-02-12	鸿宝书局
57	《二十四史》《九通》《政典类要》合编	1902-07-16	约雅堂
58	《皇朝政典类纂》	1902-10-16	图书集成局
59	《二十四史》	1903-11-28	五洲同文

从表3中可以看出，当时比较有名的出版发行机构基本都名列其中，甚至有些还以招股模式出版过多种书籍，比如点石斋和图书集成局共招股印书8种，蜚英馆也有4种。1886年至1888年的三年间，招股印书的发展更是达到了高峰，《申报》上几乎每天都有招股印书的广告，有时甚至同一天同一版就有四到五则。如1887年6月11日《申报》就曾同时刊登了四个出版机构发布的五则书籍“股印”广告：蜚英馆的《石印殿本〈大清一统志〉招股启》、积山书局的《石印直行〈皇清经解〉足本并附目录招股启》和《石印正续〈资治通鉴〉及〈外纪〉〈明纪〉招股启》、脉望仙馆《石印白纸初印本阮刻〈十三经注疏〉并校堪〔勘〕记招股启》、鸿文书局《石印〈九朝东华录〉招股启》。不单这一天，同时期《申报》上经常可以看到类似的情形，由此可见这种新的经营模式在当时的兴盛程度。

而1887年6月29日《申报》第4版上的另一则广告《代售石印〈大清一统志〉、〈十朝圣训〉、〈骈字类编〉、〈正续资治通鉴〉、〈十三经注疏〉并堪〔勘〕记等股票申报馆帐房启》，则从另一个侧面反映了当时招股印书的兴盛：

> 长顺晋石印殿本《大清一统志》预定每股洋廿八元，先收八元；慎记石印《十朝圣训》每部码洋六十元预定者实洋三十元，先付六元；《骈字类编》每部预定者实洋二十元先付四元；积山书局《正续资治通鉴》并《外纪》《明纪》，预定每部洋十六元先

收六元；《十三经注疏》并堪〔勘〕记洋十二元先付四元后找八元。均掣取书票，如蒙赐顾，在上海可至申报馆帐房，在苏州扫叶山房，扬州可向申昌书画室，以及各外埠申昌书画室购取。①

这则由申报馆代售“股印”书票的广告中明确将兑书的书票称为股票，所涉及“股票”达五种之多，涉及的出版机构有三个。另外，从这则广告还可以看出，招股印书已成为大型国学典籍出版的最常用的出版方式之一，如这则广告里提到的石印《大清一统志》60册、石印《十朝圣训》100册、石印《骈字类编》48册、石印《正续资治通鉴》42册、石印《十三经注疏》25册，都是具有一定规模的大型书。而前文点石斋刊印的铅印版《古今》更是达到1628册，而同文书局的《二十四史》也达711册，这说明招股印书在当时已成为大型国学典籍最为重要的出版方式。

2.由“招股印书”演变为“预约发售”

事实上，在最初的招股印书的广告中就已出现“预定”（有时作“豫定”）字样，如同文书局1883年7月15日第一次刊发的广告中就有：

《同文书局石印〈古今图书集成〉启》：……凡欲预定是书者，请先检定何样书式最合尊意，即行布知本局……②

又如1883年8月28日点石斋发布的告白中也有“预定”二字：

《购到〈古今图书集成〉点石斋主人启》：《古今图书集成》要白纸而完全者甚少，……日内附股者，颇觉踊跃，故本斋此书可望印成大版，惟祈诸君速来预定，以便早日开工为盼。③

这说明点石斋、同文书局等出版经营者有可能早已意识到所谓的“招

---

① 《代售石印〈大清一统志〉〈十朝圣训〉〈骈字类编〉〈正续资治通鉴〉〈十三经注疏并堪记〉等股票申报馆帐房启》，《申报》1887年6月29日，第4版。

② 《同文书局石印古今图书集成启》，《申报》1883年7月15日，第4版。

③ 《购到〈古今图书集成〉点石斋启》，《申报》1883年8月28日，第1版。

股印书”其实质就是“预定”。只是当年“股份制”一词更为新鲜、更具活力，于是出版者利用人们对新事物的敏感，采用了招股、集股等说法来吸引更多眼球。在现代销售心理研究中，这种现象被称为消费心理动机中的求新倾向，即消费者“以追求所购买商品的时效和新颖，其核心是时髦和奇特”[①]，就好比类似招股印书这种模式到了现代人们又将其称为“众筹”一样。而事实上，众筹以网络平台为依托进行定向资金筹集，与招股印书依托报纸等纸媒进行资金筹集，其最根本的区别仅在于依托的平台不一样，但在现代社会“众筹”一词更为“时髦”和“奇特”，因而“众筹”比“招股”也就更具有吸引力。

到1885年“招股印书”已不再像刚出现时那么吸引读者，于是“预约发售”开始渐渐取代“招股印书”，比如《申报》1885年6月28日扫叶山房的一则广告：

> 《新印〈袖珍刑案汇览〉》：本号等现在摆印白纸袖珍《刑案汇览》四百部，系照原板细心校对，一字无讹。定在本年冬月告成，装八十本，每部价洋十六元。倘蒙诸翁愿意预定，每部作洋七元，限六月内先缴四元，小号见洋即给收条……[②]

仔细阅读这则广告可以发现，全篇从头至尾未出现过一次“招股”或“集股”字样，而全部以“预定”代替，因而这是一则典型的“预约发售”广告。其内容说得很清楚，书的定价为十六元，如预定则“每部作洋七元”分两次交款，出版前六个月内预交四元，取书时补齐余款即可，其模式和之前招股印书的模式非常相似。

随着人们对股份制认识的深入，越来越多的出版机构和扫叶书房一样，开始改称“招股印书”为“预约发售”。最初两者还交替出现，如慎记书庄1887年8月5日的广告《催取〈骈字类编〉兼售各种书籍启》，在这则广告里，先是催取《骈字类编》，“本号向同文书局定印殿本《骈字类编》

---

① 韩燕雄主编，赵立义、韩玉凤副主编：《市场营销学》，北京理工大学出版社，2014年，第47页。

② 《新印袖珍刑案汇览》，《申报》1885年6月28日，第5版。

提早一月于五月廿八日出书，叠〔迭〕经登报，惟售票甚多取书尚少”[①]，其中定印即是根据募集到的股数定量印制该书，而售票是指发售的用来兑书的“股票”，即交付了部分“股金”后发放的取书凭证。而同一则广告又发布了另一本书的预定信息：“又，同文局楷抄石印《十朝圣训》，每部装订百本，码洋六十元，预定者实洋三十元，先交六元掣取书票，后找洋廿四元取书。”[②]意思是如果预定，则仅以定价的五折即可得书。更能说明问题的是，在这个版面的其他几则广告中，有两则招股印书广告，两则预约发售广告，还有三则招股印书或预约发售的兑书广告，从中也可看出当年招股印书和预约发售的并行。这种情况一直持续到1903年，查阅1903年之后的《申报》，已找不到招股印书的广告了，而预约发售的广告却逐渐增多，以至最终取代了招股印书。

改称预约发售后，这种筹集社会资金出版的模式依旧保持着一定的生命力。清末民国时期很多出版社都曾采用过这个模式。比如商务印书馆1906年在《申报》刊发《〈新译日本法规大全〉预约广告》，介绍了预约的模式和预约所能享受的优惠：“全书共八十本，定价二十五元，预约十八元。……年内可以出版，……凡预约者特别减价每部十八元，请于本年十二月三十日以前先付六元，……外埠由邮局定购，先印样本一册，敬赠购阅诸君。”[③]据柳和城先生《书里书外——张元济与中国现代出版》一书，《新译日本法规大全》于1907年出版，不到半年预约和门售一共售出300多套[④]。甚至到1910年还曾重印，而且重印也依然采取了预约发售的模式。这之后，商务印书馆还曾以预约发售的模式先后出版发行过《四库全书珍本》《四部丛刊续编》等大型国学经典丛书，以及《新编列国政要》《新编英华大辞典》《日本明治学制沿革史》《日本议会纪事全编》等多部有一定影响力的介绍新思想、新文化的书籍。

作为大型出版机构，1934年中华书局在决定重印《古今》时，也同样采用了预约发售的模式。1934年4月8日中华书局在《申报》刊发广告《中

① 《催取〈骈字类编〉兼售各种书籍启》，《申报》1887年8月5日，第5版。

② 《催取〈骈字类编〉兼售各种书籍启》，《申报》1887年8月5日，第5版。

③ 《〈新译日本法规大全〉预约广告》，《申报》1906年10月27日，第5版。

④ 柳和城：《书里书外——张元济与现代中国出版》，上海交通大学出版社，2017年，第176页。

华书局两大预约》，预约发售的正是《古今》和《四部备要》。其中《古今》的预约简章规定，预约时间为当年的4月到9月，全书定价800元，如一次性付款只需付400元，分八次交款则需440元，当年六月之前一次性交款再优惠20元，仅需380元[①]。

不仅是大出版社，一些小的出版社也曾采取这种模式。1917年9月美术家孙雪泥创建的生生美术公司，1918年1月12日在《申报》发布广告《第一次群芳选举大会〈花国百美图〉》，广告第一句就是“发售预约只收成本”[②]。其形式与商务印书馆类似。而生生美术公司的这次出版也非常成功，最终获取了可观的利润，并因此在上海的出版业界站稳了脚跟。此外，近代很多其他小型出版机构也都采取过预约发售的模式，比如大江书铺发售的陈望道著《修辞学发凡》，作家书屋发售的《鲁迅先生著译十种》，上海书报论衡社的《胡适与郭沫若》，正午书局的《列宁回忆录》，文华美术图书公司的《淞沪血战大画史》等等，举不胜举。由此也可看出预约发售对近代出版企业的生存发展，以及新思想、新文化的传播，或多或少都产生过积极影响。

3.招股印书、预约发售及股份制之间的差别

虽然预约发售由招股印书发展而来，但它们之间还是有着一些差别的。首先，招股印书为防止所印书籍的积压，基本上是招到多少股份，就印制多少数量的图书，仅在这个数量基础上稍微多印很少的数量。比如点石斋“股印”《古今》，招股量是1500部，之后由于资金和利润的原因，仅加印百部。此外，招股印书甚至经常会有因未能招募到相应资金，最终取消刊印的情况，比如同文书局招股印制《古今》的失败。而预约发售则不同，出版数量掌握在出版机构手里，如商务印书馆预定《新译日本法规大全》时并未限定印数，至于能预定多少，也并不会从根本上影响到出版量。另外，早期的招股印书所印书籍基本都是大型传统典籍，从表3统计内容即可看出。而预约发售不论大型还是单册都有涉及，如1907年《新译日本法规大全》仅80册，甚至还有很多是单册，如《花国百美图》《列宁回忆录》《淞沪血战大画史》《一九三三之上海》《精印吉金录》等。

---

① 《中华书局两大预约》，《申报》1934年4月8日，第1版。

② 《第一次群芳选举大会〈花国百美图〉》，《申报》1918年1月12日，第15版。

招股印书和预约发售与股份制之间更是存在着实质性的差别。“股份经济又称股份制经济，是指以入股的方式把分散的、属于不同所有制的资本集中起来，统一使用和经营，自负盈亏，按股分红的一种资本组织形式”[①]，是企业财产所有制的一种形式。股份制最基本的特征是生产要素的所有权与使用权分离，“在保持所有权不变的前提下，把分散的使用权转化为集中的使用权”[②]。以这个概念为参照，通过上文所列举的招股印书和预约发售的具体情况就可以看出二者之间的差别。首先，招股印书只能称得上是出版机构的一个一次性的刊印图书的项目，而并非企业本身，因而出版机构与参股人“合伙经营”的只是这个项目，而这个项目一旦失败，则负责发起招股印书的机构就会如数退还“入股者”或“预定者”付出的资金，或者以已出版书籍抵扣。如1889年10月3日，《申报》第五版刊登广告《翰香楼书票停歇》：

> 本楼所设之书票乃购者寥寥，因此中止停歇，所存之书籍已有人盘去，所有前购去之票，祈诸公向经手人退还，收回原价，以九月底为止，过期则作废纸，恐未周知，特此登报布闻。己丑重阳日翰香楼主人白。[③]

又如1889年2月21日《申报》第五版和记书局登载的一则《收回股票》广告：

> 和记所印《廿四史》，因书票未能畅销，现已停印，只印成前后《汉书》、《三国志》、《史记》四种，售出股票每张即以此四史两部抵算，有票诸君祈速持票至和记取书，如票非本号售出之票，仍向原经手清理，与本号无涉，期以五月底截止。逢源里和记告白。[④]

---

① 王儒化主编：《中国股份经济理论与实践》，中共中央党校出版社，1998年3月，第1页。

② 王儒化主编：《中国股份经济理论与实践》，中共中央党校出版社，1998年3月，第2页。

③ 《翰香楼书票停歇》，《申报》1889年10月3日，第9版。

④ 《收回股票》，《申报》1889年3月5日，第5版。

所以在招股印书的整个过程中，出版方只是提前利用了消费者的资金，但并不像股份制在形成经济共同体后，要求双方一起担负盈亏。其次，招股印书只是提前利用购书者的资金推动所需要刊印书籍的工程的进程，所谓“入股者”或“预定者”完全没有生产要素的所有权和使用权；而每次的印书发售工程也大多不存在持续性，所以也不存在之后的每年或每阶段的分红。因而，招股印书实际上只借鉴了股份制获取社会资金的融资形式，同时利用了“招股”这一新名词的一个单次出版项目，并非真正的股份制。

三、招股印书与预约发售的历史意义

清末民初，一些出版机构通过招股印书和预约发售，出版了大批经典古籍和新学书籍。这些出版活动对我国近代出版业的发展、中国传统文化的传承和保存、新学的传播等方面都有着特殊意义。

1.对中国近代出版业发展的促进

清末在西方列强的不断侵略下，民族危机日益加深，国内有识之士纷纷办报、办刊、著书立说，一时涌现出大批民营出版机构。在这些出版机构的发展过程中，资金是其能否生存下去的关键因素。而招股印书和预约发售在融资方面利用社会资金扩大再生产，恰巧可以减轻企业资金压力，助力企业顺利发展。因其特殊的“预定”模式，尤其是对大型书的出版而言，既保证了图书刊印前期的资金问题，同时解决了出版后的销售问题，使得这些出版机构在产销方面更具规模，从而对出版机构常规出版业务形成有力补充。其不仅为近代出版业提供了一种新的发展模式，也是近代中国出版业在经营方式上的一种突破。而对于刚起步的小型出版机构而言，招股印书也有着意想不到的作用。比如前文所提到的生生美术公司。生生美术公司刚成立时，创办人孙雪泥并没有扎实的经济实力，而其出版《花国百美图》，正是利用预约款启动了项目，使出版计划顺利完成，并获得了可观的经济效益，不仅在出版业界成功迈出了第一步，也大大提升了生生美术公司在上海商界的知名度。生生美术公司后来一直成功经营发展到中华人民共和国成立之后，可以说《花国百美图》预约出版的成功在其中起到了至关重要的作用。

2. 有利于中国卷帙繁多的经典古籍的出版

出版卷帙繁多的经典古籍，无疑是一个浩大工程，需要足够的资金支撑，尤其是在排版、印刷技术相对落后的近代。我们从点石斋1883年招股翻印《古今》一例就可看出，首先是需要购入一个较为完善的底本，接着又需要花费大量的人力对底本进行校勘，铅字排印也要花费大量的时间和精力，另外大规模的印刷必须要有更大的场地和更好、更多的机器，这些都需要巨额资金的保证才能运转，招股无疑能募集到大部分资金，可以为整个出版工程提供坚实的资金保障。此外，如前所述，招股印书或预约发售同时解决了所印图书的销售问题，所以这种模式在当时成为解决大型典籍出版的最好方式。就以《古今》这套超大型类书为例，清末及民国期间共有四个版本，除雍正四年（1726）铜活字版（60套）和1890年同文书局承接清政府委托的石印版（101套，一说100套）外，其余两次较大规模的民间翻印，即1888年点石斋铅印扁字版和1934年中华书局胶印缩印版，分别采用了招股印书和预约发售的模式，说明民间在刊印这种宏文巨典时，最终都依托了这种融资的经营模式。这点还可以从当时被多次以招股形式翻印的大型典籍看出，如《东华录》(100册)、《古今算学丛书》(119册)、《皇朝政典类纂》(120册)、《九朝圣训》(448册)、《乾坤正气集》(200卷)、《九通》(500册)、《守山阁丛书》(100册)等。由上述可见，招股印书和预约发售对传统大型典籍在近代的出版起到了不可忽视的作用。

3. 大型国学经典典籍得以普及

经过招股刊印的书籍一般价格相对实惠，这一点使得一些大型国学典籍有机会走向民间。再以《古今》为例，它最初为官刻，1726年雍正下令铜活字摆印，共印60套，主要藏于皇家内府及书院，少数赏赐给对修《四库全书》有贡献的藏书家。这套铜活字版《古今》是我国历史上规模最大、质量最高的铜活字印刷图书，其书“字大如钱、墨如点漆”，因存世少、印刷精，几成“无价珍品”。1883年发行的《同文书局石印书目》中记录了此书在当时的价格：“《同文书局石印〈古今图书集成〉启》：……本局现以万余金购得白纸者一部，用以缩印，又以六千金购得竹纸者一部，用以备校……”[①] 如此高的价格，使得它在民间流传极少，一般读书人根本无

① 《同文书局石印〈古今图书集成〉启》，《申报》1883年7月17日，第6版。

从获取，难以发挥其应有学术价值。1883年6月25日《申报》发表名为淞北愿学斋主人的启，表达了当时读书人对此书的企盼："《古今图书集成》一书为艺林之宝笈、翰府之奇珍，向只闻其名而未见其书，殊为憾事，今闻得同文书局已以银六千两购得一部，不日用石印法印成出售，虽卷帙繁富，尚须有二三年之期方能毕事，而凡在士林已望之如景星庆云，愿先睹之为快矣，亟赘数言以志狂喜。"[①]而使这部巨书真正走向民间，正是点石斋1883年以招股印书模式出版的铅印扁字本《古今》。相对铜活字版，扁字版不仅价格只需150两规银，而且书籍的体量也大为减少，由5020册减为1620册，虽有排印错误及缺页等缺陷，但其出版对这部巨书向民间的流传、普及功不可没。同样同文书局招股刊印的《二十四史》，也是这部重量级史书由皇室走向民间的开始。此外，儒家最为重要的经典《十三经注疏》也是一个很好的例子。《十三经》版本较多，因阮元校刻本附有《校勘记》，被认为是最为完善的本子。点石斋于1886年12月2日在《申报》发布《招股石印阮刻〈十三经注疏〉并校勘记》，并于次年石印翻印出版，该翻印本大受欢迎，因而又于1897年、1898年、1904年共三次以此翻印版重印，甚至到1935年世界书局的石印本也是根据这个翻印本再次翻印。从中可以看出，1886年点石斋的那次招股印书在这部史书的近代流传过程中所起到的关键作用。

4.促进了民间学术书籍及个人珍藏的刊印流传

招股印书和预约发售还有利于民间学术书籍及个人珍藏的刊印流传。关于这一点，1897年邹代均创办舆地学会招股刊印地图是最好的例证。邹代钧（1854—1908），清末地图学家，甲午战争后组织成立译印西文地图公会，同年开始筹划出版一批中国及世界地图，以弥补国内这方面的空缺。由于出版计划所需预算资金高达三万一千一百元，因而萌发以招股印书模式完成计划的想法。很快邹代钧就在《时务报》发布招股章程，并在筹集到部分款项后，分别于1897年6月和1903年10月分两批出版了162幅地图。1908年邹代钧去世，同年由其侄子开设的武昌亚新地学社出版《皇朝直省地图》，内容正是他原先议定的第三批地图。这批地图后来被指定为中国最早的一批地理教学用图，同时很大程度推动了中国近代地图出版

① 《淞北愿学斋主启》，《申报》1883年6月29日，第9版。

印刷的发展。

此外，还有出版机构利用招股印书对民间散落的古籍经典、善本进行搜集刊印。如1897年10月28日《申报》第4版上一则渐学庐发布的招股印书广告："本会搜罗秘籍集股次第印行，现已觅得善本二十余种，皆有关实用未经坊刻之书，惟是校勘需时，恐劳与股诸君盼望。"[①]至1889年，渐学庐的这套丛书出版《塞北纪行》《西北域记》《宁古塔纪略》《元朝后妃公主列传》等共十六种珍稀书籍，这些书籍现在有很多都还是学界研究的重要史料，如《元朝后妃公主列传》就是目前研究元朝蒙古族女性以及皇族的最为系统可靠的资料。又如《守山阁丛书》为清代上海金山人钱熙祚所辑，共112种，钱氏早年得《墨海金壶》残版，又从文澜阁《四库全书》中录出流传较少之书，经增补删汰后，又加以校勘精审后刊印而成，是一部极有价值的古籍丛书。这套书的版本较少，1900年之前只有1844年的初刻本和1889年鸿文书局石印本，而1889年鸿文书局的石印本就成为这套丛书仅次于原版最为重要的版本，流传也较原版广得多，而它正是通过"股印"的模式刊印的[②]，更有意思的是这套丛书1922年的影印版也是由博古斋书庄通过预约的形式发售[③]。此外，清代大藏书家黄丕烈所辑《士礼居丛书》，为黄氏家藏宋刻百余种中最佳的19种，且校勘精良，历来为世人所重。这套书除初刻版外，也与《守山阁丛书》一样，1887年由蜚英馆招股付印[④]，1922年的影印本则再次由博古斋书庄预约发售[⑤]。从这些例证可以看出，招股印书和预约发售对民间学术类书籍的出版刊印以及流传起到了不可忽视的重要作用。

纵观中国近代出版史，如果说与招股印书处于同一发展时期的石印是中国近代出版的技术革新，那么招股印书和预约发售就是这一时期在经营模式上的一种革新。它和石印技术一样对中国近代出版业的发展，以及中国传统文化的保存、传承起到了相当重要的作用，为近代中国出

---

① 《渐学庐印书会第一次出书启》,《申报》1897年10月28日,第4版。

② 《石印〈守山阁丛书〉招股启》,《申报》1888年5月11日,第6版。

③ 《〈守山阁丛书〉预约》,《申报》1922年2月22日,第17版。

④ 《殿版石印〈念四史〉并原本〈士礼居丛书〉招股启》,《申报》1887年8月24日,第4版。

⑤ 《〈守山阁丛书〉预约》,《申报》1922年2月22日,第17版。

版印刷资本市场拓展出一片新天地，也成为中国近现代出版业借鉴西方经营模式的一个代表性范例，它的存在及作用值得进一步深入研究和认真总结。

作者通信地址：上海市淮海中路1555号上海图书馆历史文献中心，邮编：200031。

责任编辑：吕若萌

慕英风而骛商机

——谭嗣同著述在清末民初的编印

张玉亮*

摘　要：如果说以《仁学》的多版本刊行为代表，早期谭嗣同著述的出版带有较强的特殊性的话，那么此后的二十年间，正值辛亥前后社会发生剧烈变化的时期，谭嗣同著述的出版与社会文化发展的互动则呈现出更为丰富的图景。革命风潮下以"烈士"形象为号召的热点追捧、基于抢占市场份额而形成的编纂特点、出版人的境遇，透过谭氏著述的出版情况，可以窥见出版与世风交互关系之一斑。

关键词：《章谭合钞》；《谭浏阳全集》；《戊戌六君子遗集》；沈知方；张元济

谭嗣同作为近代重要历史人物，对其进行研究的成果可谓丰硕，甚至有"饱和"之说[①]。然而以出版作为切入点，观照其著述产生、刊行、传播、影响的研究，却十分少见。以笔者所见，仅汤志钧、印永清、贾维等中国学者和日本学者狭间直树有所涉及[②]。汤志钧通过严谨的文献学比勘，

---

*　张玉亮（1983—　），男，中华书局《中国出版史研究》编辑部副主任。

①　欧阳哲生：《从维新烈士到思想彗星——梁启超笔下的谭嗣同》，《读书》2018年12月。同题文章又见《北京日报》2019年4月1日。

②　汤志钧：《〈仁学〉版本探源》，《学术月刊》1963年第5期；印永清：《〈仁学〉版本考》，《华东师范大学学报》（哲学社会科学版）2000年第6期，又见印永清评注：《仁学》，中州古籍出版社，1998年；贾维：《谭嗣同研究著作述要》，湖南大学出版社，2010年；[日]狭间直树、蒋永清：《梁启超笔下的谭嗣同——关于〈仁学〉的刊行与梁撰〈谭嗣同传〉》，《文史哲》2004年第1期，此成果又收入其文集多种，此不一一列举。

探讨《仁学》的《亚东时报》本与《清议报》本是否同源，进而讨论《仁学》稿本的流传，颇具启发；狭间直树则通过《仁学》在《清议报》的发表、中断、续刊、再次中止直至最终完结的过程，钩沉梁启超在此期间思想发展变化脉络，可谓别具匠心。除此之外，罕有通过出版进行深入研究者。受两位先生启发，笔者撰文考述谭嗣同著述的刊行情况，并钩沉了《仁学》的早期重要版本——《亚东时报》本、《清议报》本、国民报社单行本及其相关的史事，所涉时间在1899—1902年间。此后，革命呼声日高，1903年"《苏报》案"的发生，以及革命派与保皇派的论战日益激烈，反映在出版物上，报刊方面主要以论战的两大舆论阵地《新民丛报》与《民报》，以及《江苏》《浙江潮》等进步学生报刊为代表，图书则以《革命军》的风行为代表。谭嗣同著述作为既被革命派借重又与保皇派渊源甚深的思想资源，被有意无意地悬置。如果把时间线继续推展，谭嗣同著述重新被出版，已是宣统年间和民国初年的事了。而细绎这些出版活动的主要特点、诉求、操作模式和出版物特征，则启人深思。本文即集中考察这段时间内以图书形式问世的谭著，试图从中窥探出版业在世风转变下所受影响之一斑。

一、国学扶轮社的《章谭合钞》

《章谭合钞》由国学扶轮社刊行，初版于宣统二年（1910）八月，同年十月即再版。半叶十二行，行三十一字。铅印线装五册，前四册为章太炎文钞四卷，末一册为谭嗣同文钞二卷。

此书初版之时间，与收录文章之选目，皆耐人寻味。

从时间上来看，宣统二年正月，历经多次起义失败后一度陷于停顿的光复会重建于东京，章太炎任会长，陶成章任副会长，章氏并创办《教育今语》为光复会"通信机关"[①]。同时，章氏发表新作、"修治"旧著，于本年修订《訄书》与《新方言》，出版了《国故论衡》等。可以说，这是章太炎曝光度颇高的一年。而在此时出版《章谭合钞》，很难说没有追求热点的动机。如果说这仅仅是一个弱联系，那么可以对比观察一下同为国学

---

① 魏兰：《陶焕卿先生行述》，见汤志钧编：《陶成章集》，中华书局，1986年，第434页。

扶轮社出版的从内容题材到命名方式都高度类似的《林严合钞》。

《林严合钞》初版于宣统元年（1909）十一月，宣统三年三月再版。铅印线装四册，前二册为林纾文钞，后二册为严复文钞。是时，正是林译小说的高产时期，也是严复赴京担任学部名词馆总纂的第二年，严复在这一年还完成了八大译著中篇幅最大的《法意》(即《论法的精神》),《名学浅说》也出版于是年。可以说，林、严、章都是这一时段文化界炙手可热的名人，策划这类选题，无疑有对市场销量的巨大预期。

这些选题意向，是否在事先得到了本人的许可乃至参与呢？存世史料无多，但不妨通过《林严合钞》内林纾的第一篇文字《与国学扶轮社书》略窥该出版机构选题策划之端倪。该文云：

> 伏读《文汇》广告，列我朝文家千余，乃末座亦及鄙人，读之骇汗服慄，如冬就冰而夏就火也。自计海滨贱夫，寄食长安，未敢通名字于贵要及攀交海内有名之士。盖自知至明，不敢以不学之身，冒得大名，为非分之获。不图诸大君子以海涵地负之才，成此重巨之事，乃顾盼及我，不止受宠若惊，几几骇为非福。又念知己之感，古今所同，魁儒所言，即我之律法，胡敢不率，只合蒙羞如命而已。虽然，丑妇之出，明知其不见重于人，而亦不忘其涂抹。纾虽译小说至六十余种，皆不名为文，或诸君子过爱，采我小序入集，则吾丑益彰，羞愈加甚。不得已，再索败簏，得残稿数篇，尚辨行墨，寄呈斧削。果以为可留者，请将已录之拙作削去，厕此数篇，虽非佳作，然亦丑妇之涂抹者也。诸君子其许我乎？

从这篇书信中可以看出，国学扶轮社在组织出版前，一般是不联系作者进行作品编选的，其选目全部来自出版方单方面的意见。信中所言《文汇》乃国学扶轮社出版的大型文章总集《国朝文汇》，出版前预发广告，中有作者名录而无文章选目，故此被选入其中的林纾一方面表示受宠若惊，另一方面也对自家文章目录表达了自己的意见。体量之巨如《国朝文汇》，其预发广告尚且不录细目，遑论体量较小的《林严文钞》和《章谭文钞》了。

而从再版与初版的时间间隔来看，也能发现国学扶轮社在运营中的商业味道。林、严相比曾身陷“《苏报》案”、身处革命派阵营的章太炎来说，是更加纯粹的文人。然而其未能带来符合预期的销量，初版印行之后的大半年里没能售罄再版，再版迟至宣统三年年初才告实现。这时，随着革命思潮在国内的日渐风行，国学扶轮社选题大胆，从较为纯粹的文化界顶流转向更为敏感的政治界人物，于是有了《章谭合钞》。《章谭合钞》果然实现了预期，宣统二年八月初版两个月后即告售罄，十月再版。

而作为戊戌变法期间深度参与“围园劫后”的谭嗣同，其著述就更加敏感了。尽管光绪三十年（1904）慈禧七十寿诞庆典之前，曾对戊戌时期的政治犯进行赦免，“戊戌案内各员，均着宽其既往，予以自新。曾经革职者俱着开复原衔。其通饬缉拿并现在监禁，及交地方管束者，着即一体开释”（光绪三十年五月初八丙戌日上谕，见《清实录》卷五三〇），但在出版管控上，经历了上一年“《苏报》案”的清政府一直没有放松。据温州人符璋日记记载，光绪三十年六月十四，《汇报》中尚有新公布的查禁图书名单十余种，其中汇集谭嗣同、唐才常著述的《浏阳二杰集》即在名单中①。可见，出版谭嗣同著述在当时还是有相当政治风险的。然而，在丰厚利润的吸引下，国学扶轮社还是愿意铤而走险，将章太炎与谭嗣同的著作合为一编，于是有了这部《章谭合钞》。

从谭嗣同文钞的具体选目上，亦可见其商业操作之痕迹。因为这不是一部严谨的、搜罗烈士遗文为第一目的的文献集，而是一部颇有“攒书”嫌疑的草率之作。文钞卷首的两篇，《管鲍交谊论》和《论雷击》，题目皆不见于此前任何谭嗣同生前手定的著述刻本或发表于报刊的文章。而仔细对比其文字，其实皆出自谭嗣同手定“三十以前旧学四种”第四种《石菊影庐笔识》的《思篇》，《管鲍交谊论》即第三十二则，《论雷击》即第十六则。这种拆碎原有著述另拟标题伪造单篇的情况不仅出现在上卷，下卷的《记崔提督事》，实则出自《思篇》第三十九则，《跋海国图志东南洋叙后》出自《学篇》第五十五则。其余尚有拟目不明者，如截取自谭氏自编诗集《莽苍苍斋诗》的补遗部分之题记，另拟题为《补遗自跋》，甚至不表明是何著作的补遗；又有去取标准不一者，如选入截取自诗作题下小

① 温州图书馆编，陈光熙点校：《符璋日记》，中华书局，2018年，第153页。

序的《湘痕词八篇序》，但对诗集中其他同类小序则未加理睬，等等。由此可见，本书的编纂，似较《浏阳二杰遗文》的着意收集报刊文字，更加草率粗疏，并擅加更动。

二、国学扶轮社主人——沈知方

出版《章谭合钞》的国学扶轮社，是怎样一个出版机构呢？目前对于该社的研究还不甚多，至其成立时间，都尚未形成定论。桑兵对其成立于1900年之说表示怀疑，并指出其实际出版活动多见于1905年后，而所据为朱联保的《近现代上海出版业印象记》[①]。后来之学人征引桑兵之说后加以补正，引用了《中国白话报》1904年第7期的材料："这社是去年下半年才开的，里头所出的书，却也很好，但大半都是普通译本，共他那国学两个字，有些不对。想将来研究国学的人多了，自然就有国学书出来了。这社开在上海棋盘街中市江左书林对过恒德里里头。"据此认为当以1903年为其成立日期[②]。而王鹏飞在研究中引用《上海出版志》中创办于1902年的说法后，也审慎地援引陈平原的意见，认为其实质性的出版活动在1905年后，而陈文的依据又是朱联保的《近现代上海出版业印象记》[③]。

成立时间无从进行更能征实的考证，笔者根据新发现的国学扶轮社启事略加补充。这则启事是征订性质的文字，其中关于质量、成本等的表达当审慎对待，但其中的史实描述则可作为依据。其中云："敝社成立以来，已逾三载。"又云："特发宏愿，搜集类书，延聘硕学，编成《普通百科新大词典》《文科大词典》两书……为敝社开山之著作，即学界利用之斧柯。"后文再次强调："敝社从事三年，费资十万余元……"尽管这则启事没有落款时间，但仍可大体推断其发出时间。据现存实物之版权页，《普通百科新大词典》初版于宣统三年五月，六月即再版。对照启事中"各学

① 桑兵：《晚清民国时期的国学研究与西学》，《历史研究》1996年第5期。

② 田正平、李成军：《近代"国学"概念出处考》，《华南师范大学学报》（社会科学版）2009年第2期。

③ 以上见王鹏飞《沈知方晚清时期出版活动考论》，《河南大学学报》（社会科学版）2018年第4期；陈平原《晚清辞书视野中的"文学"——以黄人的编纂活动为中心》，《北京大学学报》2007年第2期。

生订购预约券已达数千部”，“本拟即日增价，唯恐远埠未及订购，难免向隅”，此启事当发布于初版付印、定价确定之后，再版付印、定价确定之前。《文科大词典》的编者识语落款为宣统三年（1911）元月，版权页为宣统辛亥孟冬出版，其时间也在宣统三年。由此时间节点倒推三年，则国学扶轮社的成立，当在光绪三十四年、宣统元年之间。

国学扶轮社的创办人中，有两位在民国年间的出版业界也颇有名望，这就是王文濡和沈知方。

王文濡（1867—1935），字均卿，浙江吴兴人。在清末民初的出版业界颇有建树，任职于商务印书馆、中华书局、大东书局、文明书局、进步书局、鸿文书局、乐群书局及国学扶轮社等多家出版机构。郑逸梅《悼王均卿先生》云：

> 先生讳文濡，别署新旧废物，为前清明经，主进步书局扶轮社辑政有年，嗣后任职中华、文明二书局，编刻楹联、尺牍等书，学者奉为圭臬。其伟大贡献，则为《说库》《笔记小说》及《香艳丛书》，考订裒集，并加提要，其整理国故之功，至今犹能道之者。①

沈知方则更是当时出版业的雄才，不仅是中华书局创办时期的副局长，而且后来创办世界书局与商务印书馆、中华书局分庭抗礼②。联系沈知方在出版业务方面的操盘风格，可以对《章谭合钞》的样态获得更加深刻的理解。

沈知方（1883—1939），浙江绍兴人，别署粹芬阁主人。早年入绍兴奎照楼书坊学徒，后为商务利群书局职员，后任商务营业所所长。1912年与陆费逵等共创中华书局并担任副局长，后因中华书局“民六危机”等原因离职。1921年创办世界书局，自任总经理。他是浙江四大藏书世家山阴

---

① 《申报》1935年8月5日第22370号，第11版。

② 关于沈知方清末和民初的出版活动，河南大学王鹏飞教授研究较为深入，除前文所引《沈知方晚清时期出版活动考论》外，尚有《消失的“副局长”：沈知方中华书局经历考述》，《中国出版》2020年第10期等等。

沈氏之后裔，他自叙家世："予家夙以书世其业。先曾祖石楼公嗜书成癖，抱残拾遗，博搜精鉴，每得善本，珍比琳琅。先祖素庭公继之，馆谷所入，辄以购书，颜其堂曰味经。藏书之名籍甚东西浙，与鄞之范氏、杭之丁氏、湖之陆氏相骖靳，远近之货书者踵相接也。"[①]在藏书的先祖中，最出名的当属创立鸣野山房的沈复粲。1934年，沈知方在其《粹芬阁珍藏善本书目》自序中云："家本世儒，有声士林：先世鸣野山房所藏，在嘉道间已流誉东南；而霞西公三昆季藏书之富，尤冠吾越。近世金石大家赵抃叔，于所著《补寰宇访碑录》自序中，尝尊霞西公为彼生平第一导师。名流雅望，有如是者。"强烈的文化使命感，使得沈知方用于出版诸如《文科大词典》《普通百科新大词典》和《国朝文汇》这样具有较高价值的大型图书项目，在营销方面，他也颇有心得，广告、征订等各种手段无不得心应手。联系在商务印书馆任职期间自行组织乐群书局与商务印书馆争夺教科书市场，以及在中华书局任职期间挪用款项"兼营别业"加剧了"民六危机"时中华书局经营的恶化，可以看出沈知方在出版业务领域与雄才相伴而生的野心。这种野心使他敢于铤而走险乃至投机，反映在选题策划上就是胆大心细，不避跟风同时又敢为人先。这样，《章谭合钞》中一些书贾射利的习气，也就不难理解了。当然，这还不算最为典型者，之后沈知方创办世界书局后，曾炮制了著名的伪书《石达开日记》，以致新中国成立初期仍有学人以此为史料进行学术研究，就更有代表性了。

三、文明书局版《谭浏阳全集》的校订者

第一个以全集命名的谭嗣同著述版本，是文明书局于民国六年九月出版的《谭浏阳全集（附续编）》（以下简称"《全集》"）。是书一函六册，线装铅印，半叶十二行，行三十一字。

（一）《全集》的校订者陈乃乾

关于文明书局的创办，现存文献的记载有并不统一之处。有资料称文明书局与进步书局是一个机构两块牌子。然考诸中华书局董事会档案，民

---

① 沈知方：《序言》，国学扶轮社编：《国朝文汇》，清宣统元年（1909）石印本。

国四年文明书局并购于中华书局时，进步书局已经是中华书局副牌，“专出应时之书”[①]。记载较为一致的是，创办者为俞复（字仲还）、廉泉（字惠卿，号南湖居士）、丁宝书等。该局以照相铜版技术著称，所出书画碑帖享誉书林。根据中华书局档案，民国四年文明书局并入中华书局，副局长沈知方担任协理，此后文明书局出版了大型丛书《说库》。

据陈伯良、虞坤林《陈乃乾先生年谱简编》：“1914年（民国三年甲寅），十九岁。春，经东吴大学时的老师黄摩西介绍，考入王文濡主持的上海进步书局编辑所（由文明书局担任发行），当练习生，每月工资十二元。是为先生自谋生计之始。”同时记载进步书局于1916年停办，陈乃乾随王文濡转去中华书局，与中华书局董事会档案记载有所出入。然无论如何，至民国六年，“由王文濡编选、先生与蒋殿襄注释的《清代骈文译注读本》，文明书局出版”，说明此时陈乃乾确实在中华书局任职，并主要承担旗下文明书局的编纂工作。而《谭浏阳全集（附续编）》一书，也是成于此时。该谱1918年记载：“春，中华书局裁减人员。先生经王文濡介绍，至南洋中学教一年级，并兼任学校图书馆工作。”[②]后来陈乃乾完成《南洋中学馆藏书目》，令学术界刮目相看，而《谭浏阳全集（附续编）》或许是他初期任职中华书局期间为数不多的工作成果。

该书前有陈乃乾编纂的《浏阳谭先生嗣同年谱》，该书被著录于陈氏《共读楼所藏年谱目》之“丁：后人补撰类”[③]，是为谭嗣同年谱著作之初创。陈乃乾经王文濡介绍进入中华书局，而王文濡因与沈知方合办国学扶轮社，故此可视为沈知方一系，当中华书局陷入“民六危机”、沈知方辞职之后，陈乃乾的离职也在情理之中了。

（二）《全集》续编的校订者印鸾章

除了陈乃乾之外，这部《谭浏阳全集》还附有续编，而续编的编纂者，据卷末所署为“盐城印鸾章立斋校”。该书正编的卷末皆无署名，唯

---

① 中华书局股东会董事会档案，民国四年八月廿五日第二十四次会议，见《中国出版史研究》2018年第1期，第149页。

② 陈乃乾著，虞坤林整理：《陈乃乾文集》，国家图书馆出版社2009年，第1005—1006页。

③ 陈乃乾著，虞坤林整理：《陈乃乾文集》，国家图书馆出版社2009年，第982页。

有续编之卷末有此署名，可以推断印鸾章的工作仅局限于续编之编纂。

印鸾章的生平资料留存不多，其著述在新中国成立后出版的仅见由上海书店影印的《明鉴》与《清鉴》，以及岳麓书社的点校本《清鉴纲目》（即《清鉴》之全称）。有论者认为《清鉴》是“史学研究的误向”[①]，实则对这两部纲目体著作的性质把握似可商榷。这并非本文的主题范围，且待另文探讨，在此只做一简要判断，这两部书，并非精心结撰的史学著作，性质更接近追求市场的普及型著作。印鸾章更具史学价值的著述，反倒是立足于其乡邦的方志，即他的《盐城县乡土地理》和《盐城县乡土历史》。在这两部书中，保存了更多关于印鸾章的史料。

书后附有广学会负责人李提摩太的《介绍新著》，记载了印鸾章的工作经历和业绩，为此不惜篇幅全录如下：

> 《盐城乡土历史》《乡土地理》两书，为印水心先生最近著作。先生侨沪十年，历任上海商务印书馆、中国图书公司校理，《神州日报》《民权报》《新闻报》主笔及本会编辑。其所译著及校刊，盖百数十种，如《政治论略》计六万言，《西方战史》计十万言，《美国李统帅传》计二万五千言，《瑞典王沙尔第十二传》计十四万言，《两极探险记》计九万言，《寰球新史》计十一万言，《大英议院考》计六万言，《日本风土记》计五万言，《法国风土记》计六万言，《哀鸿泪》计三万五千言，《共和魂》计三万言（以上译著），《雪堂丛刊》一百十有七卷，《学术丛编》一百十有六卷（以上校刊）等，皆详审精密，风行海内。今夏五月，先生以祝嘏返里，审知盐城学生缺乏乡土智识，特先著此二书，以应盐城全邑国民学校及高等小学校之所需。取材正大，叙论精确，不仅为盐城学生课本，凡欲知盐城乡土真实情形者，不可不读；欲知盐城文化次第、民族消长者，不可不读；欲知盐城详细之河流、物产及各市乡学校者，尤不可不读。先生道德文章，久为本会所推重，兹书一出，不惟盐城全县士林生艳，即本会亦

① 夏祖恩：《拨正史学研究的误向——评印鸾章〈清鉴〉》，《福建师大福清分校学报》2001年第3期。

与有荣施焉。故乐缀数言，以为介绍。民国戊午九月，上海广学会李提摩太谨识。

此外，书后还附有印鸾章自撰的《编刊之经过》：

本书历史一卷、地理二卷，作于戊午夏，成于戊午冬，参稽考索，凡四易稿，以身羁海上，不能与乡君子相磋磨，未便率印。是冬，一泓自沪返校归，托其携交鉴清仲咸校正。己未二月，余以病返里，垂死复活，一泓以是稿返余，启视之，间有点窜，乙勒盖甚寡焉。遂呈县署立案。四月，病愈赴沪，重视一过，意所不洽，辄勒涂之，并于地理市乡各课中加入学校、古迹两项。七月杪，吾父来沪，命付印，已锓梓矣，历史一卷且告成矣，会启东赴粤，途过沪，取是稿观之，重加修订，因辍刊，前之印成者废之。往返商订，历二十有九日，历史始竣，地理犹未校也。而启东以制宪事忙，匆匆往穗。余复取而自校之，加入田赋、物产、岁时风俗诸附记，于市乡各课之实业、交通诸项，又重厘正。九月初，观学所长宋泽夫复以全县学校统计表寄示，编附卷末，乃再付梓，排铅铸铜，凡四阅月，始出书。此编刊经过之大概也。当编纂之初，各市乡人民物产、详细情形，苦不甚悉，襟兄丁瑞芝、丁素封，表兄韩仰琦，相助搜讨，获益良多。暨付刊，自筹印费五百元，忽不敷，从兄宪章代借洋一百元，始出版。不敢掠美，故并志之。己未冬，水心。

版权页标注“民国八年十二月出版”，并有促销方案：“学校购用十部以上减售八折，五十部以上减七折。”代印者为上海商务印书馆，代售处为盐城县公署、劝学所、学友会和各书坊，其中未列文明书局、中华书局等。戊午年为民国七年，此年正是中华书局“民六危机”爆发后不久。文中显示，印鸾章在该书出版的过程中，没有出版机构、印刷机构的资源可资利用，全凭自费。从时间上看，在完成续编的校订后不久，印鸾章就投入到《盐城县乡土地理》和《盐城县乡土历史》的编纂工作中。

四、《谭浏阳全集》与续编的编纂、影响与再版

《谭浏阳全集》以文体分类。文集卷上为叙跋与书牍，卷中为传状，卷下为墓铭、记、铭、赞以及一篇“杂著”和一篇“逸文”《兵制论》；诗集分为五古、七古、五律、七律、五绝、七绝，并附残句、词作与联语；另有《仁学》二卷，《石菊影庐笔识》二卷。需要指出的是，这里所辑录的残句和词作、联语，大部分来自《石菊影庐笔识》，所谓“逸文”《兵制论》，也来自《石菊影庐笔识》的思篇第三十八则。

续编则收入发表在报刊当中的单篇文章。需要指出的是，这里仅部分收录了《湘报》发表的谭氏文字，至于戊戌变法之前的《时务报》和之后的《清议报》所刊谭氏文章，则未予收录，且即便是同样发表在《湘报》之文章，也失收南学会讲义多篇、答问三篇和《读南海康工部有为条陈胶事折书后》等重要文章。而更为严重的失误在于，谭嗣同《思纬吉凶台短书》初刊于戊戌年初的《皇朝经世文新编》，其实谭氏尚在，发表状况俱见作者本意。这部著作是由三部分组成：序言回顾自己原先以此命名，所存本为数十短书，近来以《报贝元征书》可以涵括其意而以此长书代替；主题部分即《报贝元征书》；最后又附录早年所撰《治言》，以见今之学术与先前有异。这三个部分，在续编中被拆散成3个单篇，首列《治言》，紧随《治事》十篇之后，容易给人误解，其后以《思纬吉凶台短书》为题、匹配的正文却仅仅是序言部分，之后间隔数篇之后才是《报贝元征书》。这样，将原作的面貌全部拆散，顿失原意。

由此可见，《谭浏阳全集（附续编）》尽管以全集相标榜，但无论从收录的完备性还是编次的科学性来看，都不能令人满意。毕竟这是至此为止篇幅最大的谭嗣同著作合集，特别是在谭嗣同最重要的著作《仁学》的早期版本已不易得的情况下，此书收录足本《仁学》，为其在民国年间的传播起到了重要作用。五四之后，新文化健将在引用《仁学》时已难见到早期版本，不约而同地使用这个版本[①]。直到新中国成立后，由中华书局出版

---

① 如胡适《五十年来中国之文学》、蔡元培《五十年来中国之哲学》等文，发表于《申报》五十周年纪念号时，从征引《仁学》之引文及括注的页码来看，确系文明书局本。关于《仁学》在五四新文化运动健将如蔡元培、胡适、李大钊、钱玄同等人之阅读与接受，笔者别有考论，此处不赘。

的《谭嗣同全集（增订本）》成为最通行的谭集版本，其《仁学》之整理虽然号称以《亚东时报》本为底本，实际也是以此文明书局版《谭浏阳全集（附续编）》所收《仁学》为工作本的[①]。此本的疏误虽然被长久沿袭，但也可见在谭氏著述传播过程中的巨大影响。

这个版本，在最初几个版次间，版次间隔时间不一。根据实物版权页显示，该书初版于民国六年九月，再版则在民国十二年四月，三版刊行于民国十三年四月，四版刊行于民国十四年十一月。从中可看出，再版、三版、四版之间间隔一年左右，而初版与再版却间隔将近五年。个中原因，又可在沈知方那里找到。

沈知方担任中华书局副局长时，奉命任文明书局协理[②]，尽管他在民国六年一月底辞去职务离开中华书局，但这部刊行于当年九月一函六册的谭氏全集，洋洋数十万言，绝非短期能够完成。加之校订者陈乃乾系王文濡、黄人的关系，此书的策划出版很难排除沈知方的影响。尽管沈知方的挪用款项并非造成中华书局“民六危机”的全部原因，毕竟这一举动加剧了中华的经营困难。沈知方离职中华后，文明书局也因经营困难而被抵押。根据中华书局董事会档案，民国六年十二月二十六日会议上，讨论通过了关于应对经营危机缩减开支的议案，其第三条为：“文明书局开支由驻局董事、司理与该局主任会商核减。”[③]转年四月九日，又专门召开董事会讨论文明书局事宜，议案全文如下：

> 本公司去年四月以文明书局押于信有号，现届期满，前途愿改押为典，大纲如左：
>
> 一、典期五年，期内随时可赎，但须三个月前通知；
>
> 二、典本照文明六年底结彩折扣再打七折；

---

① 详参《仁学（汇校本）· 前言》，浙江古籍出版社，2021年。

② 据王鹏飞教授提供的1917年1月28日《申报》，沈知方于《申报》等沪上报纸刊登“沈知方启事”，连续三日。启事云：“鄙人因经营事业过多，日不暇给，已将中华书局副局长、文明书局协理两席辞卸。各界如有惠顾接洽之事，每日午前，请至海宁路北山西路五百七十七号鄙寓新宅。午后请至闸北虬江路华昌火柴公司，或三马路中华制药公司。来函请径寄鄙宅为幸。”

③ 中华书局档案（四），《中国出版史研究》2018年第2期，第137页。

三、文明欠人之款由典主承认；

四、典本无利息，营业由典主管理，盈亏与本公司无涉。

合同详细条件由驻局董事、监察、司理会同与前途商办签字，但大纲不得变更。[①]

这里提到的“去年四月”系民国六年四月，那时仅是抵押以应急需，经营决策权还在中华书局，故此才有当年十二月商讨核减开支之议案。而民国七年的四月，文明书局由押改典，其经营权也随之从中华书局移出。

民国十一年七月五日，中华书局又召开董事会议，会上审议了两个议案，其一为：

信有号来商归还文明书局年底正初先付三万元等情，议决且看今年帐收如何、明春营业如何，再行决定。[②]

十二月六日，董事会又审议了如下议案：

文明书局押于信有号计洋九万零六百元，明年四月到期，现与信有号接洽，现在即行赎回，条件如下：

一、由本公司出期票六十张，前四十二个月每月一千元，次十四个月每月四千元，末四个月每月五千元，共十一万八千元，作为本息归清。

二、期票未付清之前，仍以文明书局为信有号所持期票之担保品。

三、文明书局有存款约七八千元，庄款约一万两，由本公司担任，但由信有号担任转期至少六个月。[③]

---

① 中华书局档案（四），《中国出版史研究》2018年第2期，第146页。

② 中华书局档案（五），《中国出版史研究》2018年第3期，第166页。

③ 中华书局档案（五），《中国出版史研究》2018年第3期，第169页。

至此，文明书局经过民国六年四月的抵押、七年四月后的典质，经过四五年的恢复与发展，终于将赎回事宜提上议事日程。民国十二年一月三日的董事会议决："总经理报告文明书局事，已请吕子泉君接收，暂代经理职务，俟接收竣事，再定办法。"①三月七日会议，又议决："吕子泉君因大东书局不能脱离，现调奉局经理沈鲁玉君任文明书局经理，赣局代理经理郭农山君调奉局经理，赣局经理由内帐暂代，拟调湘局营业主任吴映堂君接任。"②十一月七日的董事会议决："共发商店来商买客购物搭用该商店股票，议决本局及文明书局均不加入。"③可见经营权已收归中华书局。文明书局经过多年的"流离失所"，终于又回到中华书局旗下。而文明书局版谭氏全集，也因此而得到再版的机会。

将《谭浏阳全集（附续编）》再版时间置于上述历史脉络中观照，可以发现，这部近代英烈著述全集的出版与重版，受到包括出版机构经营状况等诸多因素的制约。小小一页版权页上标注的再版日期里，又蕴藏着出版人和出版业的多少艰辛与曲折。

五、商务印书馆的《戊戌六君子遗集》

出现于清末民初的图书形式的谭嗣同著述，还有如下数种：

《浏阳二杰遗文》，铅排线装一册。无牌记、版权页，以至于一些著录认为该本出版于民国初年。笔者曾在新编《谭嗣同集》的前言中进行了辨正。根据前文所引温州人符璋光绪三十年（1904）六月十四日记，则其出自清末自无疑义。

《秋雨年华之馆丛脞书》，民国元年壬子木刻本。此书最初系与根据谭氏手订"旧学四种"的石印翻印本（首署"宣统辛亥谭氏重刊"）配套者，故未另列名目而仅题为《补遗》，后方改题，系借用了谭嗣同被捕入狱后与仆人书信中提及的著作稿本之题。后出之《丛脞书》较《补遗》内容为多，特别是在跋语之后还有一个版心标为"补遗"的单叶，录《戊戌六月

① 中华书局档案（六），《中国出版史研究》2018年第4期，第151页。

② 中华书局档案（六），《中国出版史研究》2018年第4期，第152页。

③ 中华书局档案（六），《中国出版史研究》2018年第4期，第155页。

武昌别程子大》和为江标题画移赠程氏的另一诗作，这些皆见于后来出现的稿本《秋雨年华之馆丛脞书》，只是标题不同。可见，这两个版本是谭氏家属着意搜访英烈遗文之作。

另外就是商务印书馆出版的《戊戌六君子遗集》（以下简称《遗集》）。该书初版于民国六年，版权页署“丁巳年十二月初版”，铅排线装，半叶十一行、行二十七字。此本收录谭氏“旧学四种”之前三种，编次亦全同。是书为戊戌六君子的同道、戊戌政变后被罢黜的张元济主持，张氏为此书的出版花费了不少心力，他在序言中云：

> 丙辰余将谋辑《戊戌六君子遗集》，先后从归安朱古微祖谋、中江王病山乃徵、山阴王书衡式通、闽县李拔可宣龚、南海何澄意天柱，得谭复生、林暾谷、杨叔侨、刘培村四参政，杨漪村侍御遗箸。独康幼博茂才诗若文未之或见，仅获其《题潘兰史独立图》绝句一首，屡求之长素，谓家稿散漫，且无暇最录，以从阙为言。然培村之文，经病山驰书其弟，索久不获，漪村之诗则止于壬午以前，书衡求后集于其嗣子，亦不可得也。

张元济为搜集六君子著述不可谓不用心，特别是对存世最少的康广仁著述的搜集。他在序言中的记述，日记中也可找到辅证。丁巳年（1917）六月廿二日日记云：“晚晤康南海，催伊检付乃弟诗文稿。允即检查，并属长催。”[①]张元济的询问可谓不逢其时。此年的六、七月间，正值张勋复辟，康有为这时的注意力大多在此，根本无暇顾及为自己奔走直至丧命的兄弟的遗著[②]。直到两年后，他的诉求才得到回应：“丁巳辑刊六君子遗集，仅得其一诗，阅二年己未，长素以此卷相示，亟补刊之。海盐张元济谨识。”[③]

① 《张元济日记》，商务印书馆，1981年，第242页。

② 1917年6月14日张勋进入北京，此前康有为有致张勋书，张元济6月23日日记记录向康氏催稿后两天的6月25日，康氏又为瞿鸿禨等代笔致张勋电文，见《康有为全集》第10卷，中国人民大学出版社，2007年，第380、382页。

③ 康有为：《马嵬峄诗》，摘自张玉亮编：《戊戌四君子集》，浙江古籍出版社，2019年，第421页。

张元济的搜辑之功固不可没，然其具体的编纂则稍显粗率。即便如其自述，“复生遗箸尚有《仁学》一卷、《石菊隐庐笔识》二卷”[①]因“兹编所录止于诗文”而不加收录，也有不少见于《湘报》《清议报》和刊于《新民丛报》的《饮冰室诗话》中的诗文作品失收。而刘光第著述，《戊戌六君子遗集》所收《介白堂诗集》所据当为刊本，其实与刊本同为宜宾爨氏所刻者尚有刘氏文集《衷圣斋文集》，惜为张氏失收。更且四川的沈宗元已于民国三年在成都昌福公司刊行了铅印本的《刘杨合刊》，其所收录亦较《遗集》为多。

张元济从动念刊行六君子遗集到初版面世，业已有两年的时间，似不必急于一时，将不少重要著述遗漏实在可惜。但如果从经营角度，联系文明书局本《全集》与《遗集》的出版时间，就不难理解了。《全集》初版于民国六年九月，从竞争角度《遗集》已错失先鞭，就不能为求全备而甘居人后迁延太久了。《遗集》重版之后就未再改动，一直行销多年，直到抗战期间仍在不断重版。

之后出现的谭嗣同著述，尚有群学社发行的《谭嗣同集》，民国十五年十二月付印，十六年二月出版，许啸天整理，沈继先校订。该本是较早的一个新式标点本，这是以往版本不曾出现的。但可惜的是，该本除未收诗集以外，基本完全承袭了《谭浏阳全集》按体编次的体例，编纂、收录方面的特点或者说缺点都一仍其旧，甚至在今天看来也应享有著作权的陈乃乾编纂之谭氏年谱，也照单全收。联系群学社所出之书多为古代小说之标点本，可以说，这是一个以牟利为主要追求的版本。

六、结语

清末民初的谭嗣同著述出版情况，可以粗略地勾勒出一条由“慕英风”到“骛商机”的发展轨迹。《浏阳二杰遗文》可视作与早期《仁学》版本相同的出版物，以追怀烈士、宣传革命为主要目标。木刻本《秋雨年华之馆丛脞书》（也包括其前身《补遗》）则是谭氏家属搜集遗文、阐扬“英风”的成果。成于同期的《章谭合钞》，则开始了以“革命”为卖点

① 《戊戌六君子遗集》序，张元济编：《戊戌六君子遗集》，商务印书馆，1917年。

的出版尝试，在编纂上也逐步放开手脚，虽然有失严谨，但收到不错的营销效果。此后，在相同主事者的操作思路下，《谭浏阳全集（附续编）》问世。与此同时，与戊戌诸君子有过亲身交往的张元济，也推出了《戊戌六君子遗集》，这个版本虽以“慕英风”为出发点，但在具体编纂上也有不少遗漏，不过比之之后的直接袭用前人体例乃至内容的谭集版本，如群学社《谭嗣同集》，已可称难得的良心之作了。

这些风格、特点各异的图书，出版人在其间的作用不无启人深思之处。已主持当时中国乃至东亚最大出版机构的张元济，面对家属的不积极配合，征求烈士遗著的收获可谓惨淡；有雄才大略、野心勃勃的沈知方，从国学扶轮社到文明书局，推出了两种谭集，却因自身原因和其他因素，间接导致谭氏全集多年未得重版；陈乃乾、印鸾章、许啸天等先后参与校订整理工作的学人，虽非当时出版业的操盘手，但也以各自的专长参与具体整理工作中，特别是陈乃乾，从因介绍人因故离职而随同被裁，到多年后重又回到中华书局，并在新中国成立后为古籍影印出版事业做出重要贡献，可说是彼时书人与书业关系的一个精彩案例。

随着时间的推移，谭嗣同已不再是亲身可接的同仁或前辈，变成了历史长廊里的一幅画像。其著述的整理出版，也伴随着中国近代史、文献学等学科的建立与发展，在慕英风与骛商机之外，有了新的追求，使得更为完备、科学的近代人物著述整理本的出现成为可能。当下出版业正面临巨大的挑战，社会效益与经济效益的关系、内容为王与渠道为王之争，仍旧是至关重要却又聚讼不已的话题。回顾谭嗣同著述在清末民初的出版情况，梳理沈知方、张元济等现代出版业先驱在其间展现的不同风格与取得的成绩，或可给今日出版人以启发。

作者通信地址：北京市丰台区太平桥西里38号中华书局《中国出版史研究》编辑部，邮编：100073。

责任编辑：王锦锦

史料钩沉

桂林《扫荡报》所载田汉的六篇佚文*

景李斌**

摘　要：《田汉年谱》与《田汉全集》的编者翻阅的《扫荡报》不全，遗漏了抗战时期田汉发表在桂林版《扫荡报》上的六篇作品——《歌咏歌剧及其他》《关于我国历史上“两次亡国”》《关于“儿童剧”》《保卫史达林格勒》《素朴的印象（上）》《聂耳与民族音乐运动》。这些作品或阐述音乐知识与追怀音乐人士，或谈论儿童剧的创作与演出，或表达对绘画艺术的见解，或写诗激扬战斗的豪情，或撰文阐发对民族史的见解，说理则观点深刻，见解独到；抒情则情感充沛，真挚感人。这些作品体裁不一，内容丰富，是研究田汉文艺活动与思想观念乃至抗战文艺的重要文献。

关键词：田汉；《扫荡报》；抗战文艺

1931年5月，国民政府军事委员会为了加强对共产党部队的围剿，振奋士气，在南昌创办了《扫荡三日刊》。《扫荡三日刊》于1932年6月23日扩版更名为《扫荡日报》，附出《扫荡旬刊》《扫荡画报》与“扫荡丛书”。1935年1月迁至汉口出版，定名为《扫荡报》。1938年10月《扫荡报》从汉口迁往重庆。抗战时期，国共两党结成统一战线，联合抗日，《扫荡报》的性质因此发生变化，成为宣传抗战的有影响力的报纸，很多进步作家如老舍、吴祖光、王鲁彦、马彦祥、焦菊隐、丰子恺、秦牧、司马文森、熊

* 本文系国家社科基金重大招标项目“中国文艺副刊文献的整理、研究及数据库建设（1898—1949）”（项目编号:20&ZD285）、汕头大学“民国报刊话剧史料研究”（项目编号:STF18016）阶段成果。

** 景李斌（1979—　），本名李斌，男，汕头大学教授，硕士生导师。

佛西、欧阳予倩等都在《扫荡报》上发表过作品，其中也有田汉。

《田汉年谱》记载了田汉在昆明版和桂林版《扫荡报》所发表的作品，《田汉全集》也有收录，如《〈南明双忠记〉故事》《几点历史教训——读史偶得》《岩下纵谈——艺人的行路难》《关于旧剧改革》《雪耻复仇》《忆茅盾》《赠李任潮将军两首》。或许由于报纸保存不全的原因，《田汉年谱》与《田汉全集》的编者翻阅的《扫荡报》不全，遗漏了田汉发表在桂林版《扫荡报》上的六篇作品——《歌咏歌剧及其他》（1939年5月9日）、《关于我国历史上"两次亡国"》（1939年6月6日）、《关于"儿童剧"》（1939年7月22日）、《保卫史达林格勒》（1942年11月7日）、《素朴的印象（上）》（1943年1月3日，未发现下文）、《聂耳与民族音乐运动》（1943年8月3日、5日）。

一、《歌咏歌剧及其他》

《歌咏歌剧及其他》是纪念张曙的散文。张曙原名张恩袭，1908年9月18日出生于安徽歙县，曾参加田汉领导的"南国社"。1938年1月，张曙与冼星海、刘雪丁等人在武汉筹备成立了"中华全国歌咏协会"。同年12月，张曙随国民政府军事委员会政治部第三厅迁往桂林，坚持从事抗日救亡的音乐活动。1938年12月24日中午，大队敌机突然轰炸桂林，张曙与其爱女张达真不幸在寓所遇难。张曙对中国新音乐运动产生过积极的影响："在20世纪上半叶的中国，正当人们忍受着经济的落后、知识的贫瘠、战争的摧残，却因无法找到一条出路而彷徨失措之时，近代中国最伟大的音乐工作者之一张曙，以音符为桥梁、用旋律做武器，帮助饱受苦难的人们在逆境中自强自立，重新面对生活，获得生命的真谛。"[①]

张曙参加过"南国社"，与田汉有过多次合作。张曙遇难后，田汉念念不忘，写过多篇纪念文章。田汉曾说："抗战前后我为工作青年、工作同志之死落过两次最伤心的泪，一次是为聂耳，一次是为张曙。两君都是极有希望的青年音乐家，而又都不幸惨死"，"这不仅是我们新兴艺术界失

① 《张曙：战死沙场的人民音乐家》，俞晓红主编：《20世纪徽州文化名家评传》，安徽师范大学出版社，2013年，第182页。

去了优秀的干部，对于推动抗战一时减少甚大力量，盖无可否认”[①]。田汉并不消极悲观，他认为聂耳与张曙的死，特别是张曙父女的遇难，已引起了全国青年的悲愤，誓为死者复仇，誓以培养更多的音乐战士来回答敌人的残暴。在《病与朋友》一文中，田汉记述了寻找张曙墓和扫墓的情形。田汉对于张曙的殉难深感痛惜：“新音乐界又少了一个有力的斗士了，我们又少了一个很好的合作者了。我感觉着聂耳死后同样的心情。”[②]1941年的冬天，田汉约孟超、章东岩一起去凉水井为张曙父女扫墓，而当时墓已迁到离凉水井约一里之遥的大山头，他们费了好大工夫才找到。1942年12月23日，张曙遇难四周年的前一天，为了缅怀张曙，让更多的人知道张曙墓址，田汉邀集了孟超、郁风、巨赞法师、安娥、李凌、李也非等人以及新音乐社演剧四队、五队的同志为张曙扫墓，在墓前举行了野祭仪式。田汉简单地报告了张曙的生平，评价了他的成就之后提出三点希望：“一、设法使他的遗作能于最短期间出版。二、在他四年忌的时候解决迁葬问题。三、尽可能的照顾他的家属和儿女。”[③]但由于战局不利，修墓、迁墓都未能实现。

1956年6月1日，时任全国人大代表的田汉在桂林视察工作之际，曾亲自同桂林文化局和音乐界的同志去寻找张曙父女之墓。1958年5月25日，张曙父女的遗骨由大山头迁葬至桂林东郊灵剑溪畔。田汉因工作忙碌，未能亲自参加迁葬仪式，却满含深情地写了篇纪念文章《忆张曙》。田汉指出不应该遗忘张曙，要更多地研究与评价他，珍爱新音乐界的宝贵鲜血：“人们知道聂耳、星海等同志，而对于给过他们影响和对党、对人民有过贡献的张曙同志却很少被提起。作为他的同志和战友的我们，特别是音乐界同志们，应该更公正、更细致地研究他，尽量搜集、整理、出版他的作品，让他的贡献得到正确估价，让他的精神得到充分发扬。新音乐界一些同志在过去民族民主斗争中是流过宝贵的血的。必须珍爱这些宝贵的血才能更有效地扶植正气。”[④]甚至在1967年所写的《难中自述》中，他还再次

---

① 田汉：《一个精忠的音乐战士——关于张曙同志并谈及其音乐业绩》，《立报（香港）》1940年9月12—14日，第2版。

② 田汉：《病与朋友》，《野草》1942年第2期。

③ 田汉：《病与朋友》，《野草》1942年第2期。

④ 田汉：《忆张曙》，《人民日报》1958年5月23日，第8版。

提及张曙，称他为“最忠实的朋友和合作者”[①]。

除了上述文章外，田汉还在1939年5月9日桂林《扫荡报》发表过《歌咏歌剧及其他》。体育场颁奖时热烈的音乐和歌唱场面，令田汉感叹人民群众太需要音乐了，太欢喜艺术了，特别是抗战的艺术，这种情况令他感到鼓舞和焦急：“而我们的供给实在还太不够了，量的方面还不够满足广大的要求，质的方面也不够适合日益发展的新的形势。”[②]他因而想起年青的乐人张曙及其爱女在日机轰炸中牺牲，桂林文化界为他开过追悼会，演奏过他的遗作。张曙对于国乐有相当深厚的理解，研究过昆曲和各地的民谣。田汉认为张曙的牺牲，在歌咏运动和歌剧运动方面都是绝大的损失。他简要回顾了张曙在音乐方面的经历和成就，称赞张曙“于新歌剧的建设、旧歌剧之改革都抱有非常卓越的见解”，在抗战工作中进步非常迅速，对于新形式的把握比以前更趋于稳练，为抗战中的音乐发展而尽全力。最后，田汉在为张曙的牺牲极度痛惜的同时，鼓起信念：大时代必定会产生它所要求的人才，来完成抗战和建国的大业。

田汉写这篇文章时，虽然对于张曙的牺牲感到极其悲痛和惋惜，但是这篇文章读来并不令人感到消沉，因为田汉认为张曙的牺牲激起了人们对于侵略者的仇恨。田汉在文中不时鼓舞人们，应该培植出无数的聂耳、黄自、张曙来回答敌人，他说：“我们应以海潮般的抗敌的歌声唤起千百万民众风起云涌共赴民族战场，为一切死难的同胞讨还这笔血债！”[③]

二、《关于我国历史上“两次亡国”》

《关于我国历史上“两次亡国”》作于1939年6月4日，发表于桂林《扫荡报》1939年6月6日。

文章开篇，田汉道出文章的写作意图：当天读了1939年6月4日桂林《扫荡报》发表的燕义权的文章《打破我国历史上“两次亡国”的错误观念》，田汉“甚为不安”，在肯定作者创作动机的基础上，指出其说法有问

① 田汉：《难中自述·谈张曙》，《田汉全集》第20册，花山文艺出版社，2000年，第571页。

② 田汉：《歌咏歌剧及其他》，《扫荡报（桂林）》1939年5月9日，第4版。

③ 田汉：《歌咏歌剧及其他》，《扫荡报（桂林）》1939年5月9日，第4版。

题："虽然觉得作者本意在针对敌人挑拨我们民族感情而痛下针砭，但因说法殊有问题，容易引到另一种错误观念上去。"①

田汉批评了燕义权的观点。他认为，中国今日的民族主义不是"大汉族主义"是当然的，因为国内包含许多少数民族，同时为着他们以及一切被压迫民族的独立自由而奋斗。但是丝毫没有理由承认民族间的侵夺兼并是合理的，各民族为求独立自由的奋斗史是不能否定的。

田汉还认为，中国民族问题合理的解决应该在各民族自由发展的前提条件下争取，因而必须团结抗战，彻底驱走共同的敌人日寇，而不在于满汉蒙回藏苗等名称。

文章结尾，田汉强调如何理解中国历史上的"两次亡国"不是小问题，并指出不应当让清末孙中山已批判过的议论重复抬头。

三、《关于"儿童剧"》

儿童是抗战中不可忽视的一个群体。在抗战初期田汉就写有《从民族战争谈到儿童剧》，指出有些儿童为抗战积极贡献自己的力量，或捐款捐物，或做前线英勇救护的童子军；但是也有很多被敌人收买利用，做了"小汉奸"，他们投掷手榴弹、偷听电话、传递情报等。田汉认识到在抗战中怎样去教育儿童是个严重的问题，并提出用儿童剧来教育他们："我们要广泛而普遍地用儿童剧来教育他们，动员组织他们。"②当时和田汉一样认识到儿童剧重要作用的还有其他学者。许幸之也认为戏剧对于儿童具有重要的教育作用："没有一个儿童不喜欢看戏的……戏剧在儿童的意识中，是一种'梦幻的乐园'"，"戏剧会给予他们以直接或间接的影响，甚至于给他们一种善与恶的指示"③。新安旅行团认为儿童剧是最好的宣传工具："在抗战中儿童戏剧发挥着他们不少的力量，贡献于抗战，小孩子演戏最

① 田汉:《关于我国历史上"两次亡国"》,《扫荡报(桂林)》1939年6月6日,第3版。

② 田汉:《从民族战争谈到儿童剧》,阿英编:《抗战独幕剧选》,上海抗战读物出版社,1937年,第124页。

③ 许幸之:《论抗战中的儿童戏剧》,《戏剧杂志》1938年第2期。

容易感动，最易于激动人，所以儿童戏剧是最好的宣传工具。”[①]尽管他们都认识到儿童剧对于儿童的教育作用、对于抗战的意义，但是儿童剧的创作和演出还有不少问题。

1939年7月，儿童剧《两年来》在桂林上演，22日桂林《扫荡报》第4版《瞭望哨》第九三九期，为桂林各儿童剧团联合公演《两年来》特辑，其中有焦菊隐的《儿童演剧与工作态度》、施谊的《写小孩戏，剧作家的大事——为儿童团体联合公演写：论儿童剧问题》、归来的《〈两年来〉的写成》、李文钊的《颂词》等文，田汉的《关于“儿童剧”》也是其中一篇。

在《关于“儿童剧”》一文中，田汉首先肯定了儿童为抗战尽了许多责任，这得益于过去数年来儿童运动者的努力。然后田汉批评了文艺界对于儿童剧的关注不够，“在中国几乎还没有什么充分适合儿童趣味、理解与表演的儿童剧”[②]。尽管抗战以来，由于迫切的现实需要，产生了不少儿童剧，然而这些儿童剧还没有真正满足时代和儿童的需求，“只是还远远的落在时代要求的后面”。田汉指出，只有两个解决办法：一是重新唤起作家们对于儿童剧的注意，一是从儿童中培养自己的剧作家。田汉指出桂林和别处一样，儿童与戏剧有一矛盾现象，禁止儿童入剧场，却没有建立儿童剧场来给他们赏鉴戏剧的机会，广大儿童被置于无艺术享受的枯燥环境中。他希望迅速有办法解决这个不利于儿童成长的问题。最后，田汉认为《两年来》的上演应该是克服此种不利的第一步，并祝愿该剧成功。《两年来》的主题就是写中国儿童在抗战环境中如何成长的，焦菊隐看过该剧后认为：“《两年来》剧本的上演不仅介绍了两年来新中国儿童的成长现状，并且足以引起剧作家要给两年来今日的中国儿童编写剧本的愿望。”[③]

四、《保卫史达林格勒》

田汉创作过不少诗歌，旧体诗、新诗都有，《保卫史达林格勒》是首新诗：

---

① 新安旅行团集体讨论，张早执笔：《抗战中的儿童戏剧》，《戏剧春秋》1940年第1期。

② 田汉：《关于“儿童剧”》，《扫荡报（桂林）》1939年7月22日，第4版。

③ 焦菊隐：《两年来的儿童》，《扫荡报（桂林）》1939年8月1日，第4版。

来！
爱自由的儿郎，
不问是东方西方，
保卫史达林格勒，
这北高加索的金汤。
这儿是史达林的故乡，
苏联建国时代的古战场，
每一寸地，
都流过英雄们的血浆。
这儿是古老的农业都市，
也成了近代工业的殿堂，
集体农场的麦浪金黄，
史达林车厂的钢铁，
这儿是民主国的边防，
是法西斯的坟场，
两个月来的血战，
寒透了敌人的肝肠，
啊！
史达林格勒的得失，
已关系着进步文化的兴亡。
他多坚持一日，
人类多一天安享，
他早失去一天，
遍地都是豺狼。
来吧！
爱自由的儿郎，
不问是东方或西方，
保卫史达林格勒，
北高加索的金汤。

史达林格勒（即斯大林格勒，今伏尔加格勒）位于伏尔加河下游西岸，是伏尔加河上的重要港口，也是前苏联南方的铁路交通枢纽和重要工业城市，战略位置极其重要。斯大林格勒战役自1942年7月17日开始，至1943年2月2日结束，苏德双方投入大量兵力，是第二次世界大战东部战线的转折点。

1942年11月7日的桂林《扫荡报》第4版是中苏文化协会桂林分会编的《苏联国庆二十五周年纪念特刊》，发表有冯玉祥的《预见盟友苏联明年胜利》、张发奎的《保卫自由的国家》、林焕平的《苏联革命与苏联精神》、李济深的《合力消灭东西两大强盗——纪念苏联国庆并祝同盟国之胜利》、田汉的诗歌《保卫史达林格勒》。田汉在此时发表这首诗歌，表明他对于世界战争形势的关注和对于正义必胜的信念。

在诗歌中，田汉召唤不管是东方还是西方的“爱自由的儿郎”，来保卫史达林格勒。诗歌首句就是个祈使句，一个字——“来”，简单有力，简洁明了，是诗人对于“爱自由的儿郎”的召唤。接着，诗人阐明了保卫史达林格勒的原因和意义。史达林格勒是“北高加索的金汤”，“是史达林的故乡”，“苏联建国时代的古战场，每一寸地，都流过英雄们的血浆”，“是古老的农业都市，也成了近代工业的殿堂”，“是民主国的边防，是法西斯的坟场”。诗人从历史到当下，从工业到农业到军事，阐述了史达林格勒的重要性。而且，诗人从战场的形势鼓舞大家：“两个月来的血战，寒透了敌人的肝肠。”诗人直接指出，史达林格勒的得失，“已关系着进步文化的兴亡”，多坚持一日或早失去一天，情形完全两样。“来吧！爱自由的儿郎，不问是东方或西方，保卫史达林格勒，北高加索的金汤。”诗歌以此结尾，再次召唤爱自由的儿郎来保卫史达林格勒，呼应开头，循环往复。

五、《素朴的印象（上）》

1942年12月26日至1943年1月9日，“香港的受难”画展由中英文化协会主办，地点在桂林中南路中华圣公会礼拜堂，每天上午十时至下午八时。参加这次画展的画家共有六人：杨秋人、新波、特伟、郁风、盛此君、温涛，作品包括油画、素描、水彩、漫画、木刻、版画等画种。画展中“作者的话”颇能表明画家们参加和举办这次画展的意义：

当今天香港沦陷周年纪念，也是同盟国更接近胜利的时候，我们想将我们的痛苦的经历给写出来，使人们再一次想起香港，想起一切不幸遭受到法西斯蹂躏的地方，反省我们自己，应该怎样使全世界爱自由的人民，不分国籍不分种族，像兄弟般的团结起来，产生更大的力量，才能更快地得到胜利，更彻底地消灭法西斯主义。

画家们以自己的画笔来描绘香港遭受日本法西斯侵略后的惨状，号召大家为加强团结、产生力量、消灭法西斯而奋斗。

田汉观看了这次画展，并写有《素朴的印象（上）》，发表于1943年1月3日桂林《扫荡报》上，然而其下文未能在以后的《扫荡报》上发现，不知何故。

画展中有的画作田汉已经在郁风、温涛的家里看过，但那时没有全部完成，这次观看，仍有新鲜的、更完整的印象。田汉按照看画的顺序而写。他是从盛此君的油画《警》看起的，在这幅画中，香港的照明用到了原始的灯笼，保卫用到了“华人”，发人深慨。田汉评论说：“但正因作者追求原始光源的效果，又加为材料所限制，整个调子，不能明快有力，反而不及她的水彩与素描感人之深。”[①]田汉认为《饿死鬼》的水彩画“算好的了”，是对统治者最好的讽刺。就技术上而言，田汉更推荐《逃亡者》和《要一百名夫子》。《逃亡者》画出了香港市民利用各种交通工具逃亡的情景，“那是一幅很好的报告画”。《要一百名夫子》画出了侵略者对于劳动力的掠夺，被抓的劳力瞪大了愤怒的眼睛。

然后，田汉看了新波的作品，并和盛此君的作品进行比较：“新波的素描他有着比此君不同的颇为优美的笔触，漫画和木刻亦然。”田汉认为素描就结构说，《优待英俘》最好，木刻他推荐《日落后的“东亚新秩序”》。新波的漫画《死市》描画了九龙失陷前的空荡景象，引发田汉想起敌机轰炸南京时的往事。田汉认为漫画《入城式》和《沦陷后大商店》中，“强大的苍蝇群有着比敌人更深刻难忘的力量”。

接着，田汉评论了杨秋人的作品：杨秋人喜欢用冷色，因而也适宜于

---

① 田汉：《素朴的印象（上）》，《扫荡报（桂林）》1943年1月3日，第4版。

他的题材，如《二难童》《流亡》《战后风景》等。他认为《义卖》颇为失败，《灯火管制》更没有达到作者追求光影的企图，反而使画面平板而无生气。田汉推荐的是杨秋人的《炮声中》和《渔人劫》。

这篇文章未能发现下文，然而可以推断，田汉在接下来观看并评论了特伟、郁风、温涛的画作。

黄蒙田对于这次画展回忆说："正像作家们写作香港之战报告文学的精神一样，画家们自觉到用自己的画笔描写这一场战争的痛苦见闻是一种责任。画家们用不同的画种——油画、素描、速写、版画围绕着这个主题创作，那是一些耸人听闻场景的报道，是一些激动人心形象的集中。"[①]这次画展反响很大，孟超写有《"香港的受难"画展观感》、华嘉写有《在香港的受难日看"香港的受难"》，均发表于1942年12月的《广西日报》的《漓水》副刊。1943年4月，为了扩大影响，"香港的受难"在重庆举办。田汉的这篇文章《素朴的印象》，是桂林"香港的受难"画展的一个有力见证。

六、《聂耳与民族音乐运动》

聂耳是田汉的挚友，两人曾合作创作过多首歌曲。1959年田汉发表了《忆聂耳》的文章，肯定了聂耳对音乐的贡献："他的创作旺盛的日子也不过三年，但他却给我们留下了很出色的、影响巨大的作品。聂耳的乐曲不只代表了当时中国痛苦中的人民的嗟伤和吼叫，也正确有力地回答了当时摆在中国人民面前的疑问，抵抗侵略者还是屈服？而他坚决发出战斗的号角，这是他的作品何以那样迅速传唱的最大原因。"[②]1960年田汉再次撰文《回忆聂耳、星海》，提出"坚决学习聂耳、星海的革命精神，掀起一个社会主义的民族的歌咏运动、歌剧运动，使音乐发挥应有的革命鼓手的作用"[③]。这两篇文章，《田汉全集》和年谱都有记载。

---

① 黄蒙田：《回忆〈香港的受难〉画展》，桂林市美术馆、桂林市政协文史资料委员会等主编：《抗战时期桂林美术运动》下，漓江出版社，1995年，第639页。

② 田汉：《忆聂耳》，《新观察（半月刊）》1959年第23期。

③ 田汉：《回忆聂耳、星海》，《人民日报》1960年11月29日，第8版。

此外，1943年8月3日、5日，桂林《扫荡报》连载过田汉所写的《聂耳与民族音乐运动》。这篇文章分为“人的聂耳”“聂耳与民族音乐运动”“纪念聂耳的意义”三个部分。

田汉在第一部分“人的聂耳”中，讲述了文章的写作背景：1943年7月17日，是聂耳去世八周年纪念日。桂林文化界于7月23日举行盛大的纪念会来纪念聂耳，聂耳的哥哥聂叙伦恰巧在桂林，田汉通过交流更清楚地了解到聂耳幼年时代的状况。田汉的目的是论述聂耳和民族音乐运动，为了保存史料，他先介绍了与聂耳合作时期的事情。

1932年“一·二八”事变后的一天，上海黎锦晖主办的明月歌舞团里，田汉与聂耳相见。黎锦晖率领男女演员到汉口表演，聂耳对他们的作风有过深刻的批评，但是聂耳同演员王人美很谈得来。田汉曾约聂耳到唐槐秋夫妇的寓所谈话，了解到聂耳的一些曲折经历。田汉介绍他加入任光的音乐团，聂耳常与任光等人就音乐问题进行友好而激烈的争论。田汉详述了他与聂耳的合作，如《开矿歌》《毕业歌》《扬子江暴风雨》《义勇军进行曲》等。田汉还谈到聂耳另外的主要合作者孙师毅以及安娥对聂耳的鼓励。聂耳于1935年4月16日到达日本，此举一是为了避开当时上海复杂的社会环境，二是想迅速提高自己的理论与技术修养。他在赴日的船上曾做过“三月计划”，在“三月计划”期满后，曾在日记中进行自我检讨。田汉认为聂耳在日本没有作曲，“是自觉技术修养的不够”。

在第二部分“聂耳与民族音乐运动”中，田汉对民族音乐运动进行了解释：“我们说民族音乐运动，就是说把民族音乐艺术贡献于民族解放的运动。”[①]田汉指出了“一·二八”以后国内的音乐状况：中国音乐教育的唯一殿堂中国音乐院的态度是保守的，无意与大众发生关系；黎锦晖的音乐沉湎于官能享乐，对民族的觉醒起了麻醉作用；任光的《渔光曲》传达了一部分大众的苦难的呼声，已经接近民族的要求，但是调子太感伤，还没有克服民族环境的勇气。聂耳以崭新的姿态踏出了这一步，以刚健、明快的战斗的号角，使得音乐界有了变化，田汉称其为“音乐界的韩愈”。为了更清楚地阐释聂耳在民族政治史上的意义，田汉介绍了孙慎的《新音乐与国防》和冼星海的《现阶段中国音乐运动的几个问题》这两篇文章

① 田汉:《聂耳与民族音乐运动》,《扫荡报(桂林)》1943年8月5日,第4版。

中对聂耳的评论。孙慎说，新音乐运动开展以后，《义勇军进行曲》首先喊出了中国人民要求解放的呼声。冼星海称赞聂耳是第三期新音乐运动的代表，他活动在中国音乐运动沉默的时代，但是他冲破了大革命前夜的沉默，这是新音乐的酝酿时期，聂耳把握着现实及配合正确的政治方向，举起反帝反封建的旗帜向前迈进。在第四期以后，中国各种不同倾向的音乐工作者，在抗战建国的旗帜下空前统一。

第三部分是“纪念聂耳的意义”。聂耳去世后，大家对他的悼念感情“与年俱深”，这是因为中国新音乐界特出的人才本来不多，而且牺牲惨重。田汉想到十年前王光祈之死，他因在德国钻研音乐，用功过度患脑淤血而猝然离世；他把王光祈比喻为供给理论的萧曹，把聂耳比喻为摧毁旧音乐壁垒的韩信。田汉还对黄自、张曙、任光、华文宪、刘晨暄等人的去世，深感痛惜。田汉说，今日实际上又到了一个沉默的时代，需要千百个聂耳起来。

田汉的上述作品或阐述音乐知识与追怀音乐人士，或谈论儿童剧的创作与演出，或表达对绘画艺术的见解，或写诗激扬战斗的豪情，或撰文阐发对民族史的见解，说理则观点深刻，见解独到；抒情则情感充沛，真挚感人。这些作品体裁不一，内容丰富，是研究田汉文艺活动与思想观念的重要文献，这是值得研究者去注意的。

作者通信地址：广东省汕头市大学路243号汕头大学文学院，邮编：515063。

责任编辑：陈卓

《达德周刊》所见革命家王若飞佚文[*]

黄湘金[**]

摘　要：贵阳达德学校是贵州近现代教育史上的重要新式教育机构，也是革命家王若飞的母校。王若飞在此地就读了七年时间，后又在校短暂担任职员，对学校有深厚感情。《达德周刊》是该校的早期校刊。现收录于《民国珍稀短刊断刊·贵州卷》的《达德周刊》，保存了1917年的部分刊期，上有署名"若""飞"的文献共五篇。经考证，"若""飞"皆为王若飞的笔名。这批以文言撰写的文章，均为今《王若飞文集》失收，对考察王若飞的早期经历、思想、趣味有重要意义。

关键词：王若飞；达德学校；《达德周刊》；佚文

初创于1901年的贵阳达德学校，是贵州省最早成立的新式学堂之一[①]。该校于1905年设"女学部"，招收女生入学，放诸全国，也堪为基础教育领域倡导"男女合校"的前驱。从现今可见文献来看，至迟到1917年4月该校校刊《达德周刊》创办时，教员黄齐生已在该刊倡导白话文，呼应北京、上海等大城市的新文化运动。达德学校的教育实绩，不仅在贵州省内

---

* 本文系国家社科基金青年项目"清末民初女学生的日常体验与文学实践研究（1898—1919）"（项目编号:16CZW037）的阶段性研究成果。

** 黄湘金（1981—　），男，中国海洋大学文学与新闻传播学院教授，博士生导师。

① 1901年，黄干夫、凌秋鹗等在贵阳"内忠烈宫"设"算学馆"，可视为达德学校之草创。1903年，算学馆同学与张彭年、董伯平等共同组建"达德书社"。1904年正月二十日，设"民立小学堂"，教职员由社友担任，学生多为社友子弟。1905年，更名为"达德学堂"。澹：《本校大事记》，《达德周刊》1917年第4号，《民国珍稀短刊断刊·贵州卷》，全国图书馆文献缩微复制中心，2006年，第15页。

具有引领地位，将其置放于近代新思潮由中心城市、沿海城市而至内地城镇的传播进程中，亦有其重要价值，是新教育、新文化实践之"地方路径"的精彩表现。

《达德周刊》是达德学校发行的校刊之一，至今颇难寻见。2006年，全国图书馆文献缩微复制中心将出版于1917年的部分刊期收入《民国珍稀短刊断刊·贵州卷》影印出版。本人近期在翻查该刊的过程中，发现署名"若"的文献两篇、署名"飞"的文献三篇，经考证可确认作者的真实身份为该校职员[①]、日后的革命家王若飞（1896—1946）。这些篇目均未见今人所编《王若飞文集》[②]，对考察王若飞早期经历、思想、趣味有重要意义。

王若飞与达德学校渊源深厚。该校创始人之一的黄干夫（1871—1935）与早期职员黄齐生（1879—1946）[③]为王若飞舅父。王若飞在回忆中言："我从前曾在这个学校读了七年书，后来又曾在这个学校当过教员……我从九岁到十五岁，七年的长时间，不但读书于这个学校内，而且是长年和舅父住宿于这个学校中。"[④]1915年冬，王若飞赶赴上海，与参加反袁斗争的黄齐生会合，"随舅父遍历南北各省许多地方，于一九一六年冬天才经四川

---

① 《达德周刊》1917年第3号所刊《本校现任职教员一览表》载"王继仁"，字"若飞"，职别为"文牍"。《民国珍稀短刊断刊·贵州卷》，全国图书馆文献缩微复制中心，2006年，第12页。

② 首部《王若飞文集》由中共安顺地委、中共安顺市委与贵州人民出版社合编，贵州人民出版社1996年出版，时为王若飞诞辰100周年。但编者此前当进行了较长时间的文献搜集工作，赵西林同志在1979年便从1920年9月19日出版的《达德周刊》（当年第23期）上发现了王若飞的佚文《一个特别的学生》（赵西林：《一篇新发现的王若飞佚文——〈一个特别的学生〉》，《山花》1979年第7期）。《一个特别的学生》遂被收入1996年版的《王若飞文集》。2014年《王若飞文集》纳入"中国共产党先驱领袖文库"，由人民出版社修订再版，但所收王若飞作品的篇目与第一版完全相同，"仅对个别文字、句子作了必要处理"。见中共贵州省委党校、中共安顺市委编：《王若飞文集·后记》，人民出版社，2014年，第274页。

③ 《达德周刊》1917年第4号所刊《本校大事记》载，1906年起，黄奇生（即黄齐生）任该校文牍员。《民国珍稀短刊断刊·贵州卷》，第15页。

④ 王若飞：《对于过去所受母校教育的印象》，《王若飞文集》，第126、127页。

回转贵阳”[1]。这段经历，可与黄齐生所撰王若飞传记[2]相印证，也与《达德周刊》上署名“飞”的自述《游记》吻合，故完全可以认定“飞”即是王若飞。

在署名“若”的《课余随笔》中，作者提到自己随舅父及“表弟仲博”观览了曲阜景点“舞雩坛”，这应是王若飞一行此次南北漫游所历名胜之一。“仲博”当是黄齐生之子黄仲博（1900—1916，原为黄干夫次子，过继给黄齐生[3]），故“若”同为王若飞笔名。

现将五篇佚文移录如下，以广流传。

一、课余随笔

学生应使具有国家思想、世界知识。现在我国与他国有何等重大事件，须随时提示，使生爱国之心，并可因学生转而告其家人，使亦知爱国之大义。

日本前岁与德宣战时，各小学教师，即谆谆以德国之情势，及所以宣战之故诏诸生，使诸生皆怀敌忾之心，又于校内校外及市上悬种种之书画，令之注意。

今吾国与德绝交，试问学生中能言其故者，有几人乎？再叩以德国情势，能举大要者，有几人乎？夫日日告诸生以爱国，至国家之大事，及人民与国家之关系，尚且不知，遑能望其爱国？是岂非空言乎？[4]

二、课余随笔

联语为美术文字之一种，可以开心思，可以增记忆，固不得

---

① 王若飞：《王若飞自传》，《王若飞文集》，第249页。

② 黄齐生：《王若飞行述》，黄齐生著，谢孝思编：《黄齐生诗文选》，贵州人民出版社，1981年，第136页。

③ 黄齐生：《先兄干夫行述》，《黄齐生诗文选》，第145页。

④ 《达德周刊》1917年第4号，《民国珍稀短刊断刊·贵州卷》，第16页。原文分段，用空心圆圈句读，文尾以括号署名“飞”。

概以无用目之也。余闻师言，陈氏仲子德鹤，年五岁，即擅对句，如以“龙须草”对“凤尾松”、“五桂轩”对“双槐树”之类。今年七岁，正课之余，尤喜为之。近所得意者，如“打麻雀”对“放纸鸢”、“指甲花”对“骨节草”、“赤兔马”对“铁犀牛”，脱口而出，令人惊异。此在科举时代，殊不为奇，自科举罢弃而后，学校课程，偏于实用，而此种风味，亦自罕矣。

客岁随舅氏旅行，出曲阜城，上舞雩坛，坛上有二碑，书“凤翔千仞”与“圣贤乐趣”各四字。舅氏命对。表弟仲博举“鹤鸣九皋”及“君子德风”二句以应，舅氏嘉之。自是船唇马首，时引为乐。其在京也，逢表弟生日，用“学不成名岂丈夫”七字为祝。当下不能属，翌日赴颐和园，忽于驴背大笑，曰：“得之矣！‘诗能入画真才子’何如？”舅曰：“古人云‘诗思寻驴背’，信不诬也。”在宜昌，以“退后一步自然宽”对“看来四十犹如此”，舅氏深加激赏。

有明初叶，对句之风盛行。有以之得官者，如明太祖微行，遇一士人出藕与食，因命对曰：“一弯西子臂。”士对云：“七窍比干心。”太祖称善，除为祭酒。有以之进谏者，如明成祖在燕都宴群臣，天寒甚，成祖曰：“天寒地冻，水无一点不成冰（氷）。”姚广孝对曰：“国乱民愁，王不出头谁是主？”成祖为之嘿然。有以之免役者，杨溥幼时，有司令其父充役，溥求免，有司出对云：“四口同图（圖），内口须从外口管。”溥答云：“五人共伞（傘），小人全仗大人遮。”有司惊叹，免其父役。稗史及诸家笔记所载，如此类者甚夥，大多不脱专制及风流口吻。后有作者，其必有以易之。①

三、训练一斑

五月十一号上午，大雨淋漓，街上水深没踝，途中行人绝

---

① 《达德周刊》1917年第12号，《民国珍稀短刊断刊·贵州卷》，第40页。原文分段，文尾以括号署名“若”。

少。憧憧往来者，类多学生，短服革履，冒雨直前，毫无惧色。其一种勇往之气，良堪令人钦佩。本校男学生三百余人，而七时以前到者已百余人。诸生衣履，无不尽湿。雨仍倾盆直泻，恐诸生或因受湿气而致病也，乃告诸生停课，谓午后无雨，则如常来校。及午雨稍止，诸生纷纷到校。霎时阴云布合，风雨大至，学生中途被雨者，不计其数。乃集合已到之各级学生于礼堂，而告之曰："今日大雨，诸生能冒雨进校，此种冒险进取精神，实属可喜。现时雨甚大，课既不上，诸生又不能即归，今日得此机会，盍各登台一演说乎？乃由众公举。于是被举出演说者，竟至十余人之多，依次演说。俟其说毕，由监视员加以批判，正其得失。兹将各人演说，略纪如下：

黄锜（高等一级学生） 昨阅《周刊》，见何、龙、熊三先生自东来信，详述日本欺侮我国之情状，望吾等诸同学努力，誓雪此耻。

（批语）检择题目极好，语音亦复响亮。

郑立元（初等三级学生） 适才黄世兄所说，望诸君注意。吾闻国家之根本在教育，教育之实际，在吾辈学生，日后雪此国耻振兴国家者，非吾辈而何？愿与诸君勉之。

（批语）承接前人所说而引申之，此法甚好。声音极好，惟尚未熟习耳。

凌钟浙（高等三级学生） 钟浙今日略有数言为诸世兄世弟告：今岁进校，已及半年，现值期考在迩，望诸君用心温书，务期考时名列第一。即考最后者，虽不好，然若曾经温书，则亦不足羞也。

（批语）气度雍容，所说极佳，惟意欠完满。

伍衡章（高等三级学生） 近日温历史至秦代，有一段系始皇慕神仙之事。始皇遣徐福率三千童男童女至扶桑求仙药，此三千童男童女，竟一去不归。扶桑即今之日本，现在日本人多其苗裔。夫以我族分出之小部民族，今日竟能称雄于世，欺侮我国，而国人莫之能御，不亦可耻耶？望诸君将来勉雪此耻。

（批语）上台不待人坐定，即行发言，未勉〔免〕过急。惟借温书引起演说，取材尚好。

董承显（高等三级学生） 吾观欧洲大战，全恃枪炮之利，而枪炮之发明，功用在科学。此后世界完全科学竞争，望高等同学诸君，对于理科一科，力加注意。

（批语）态度尚好，惟起首过突。

刘曙南（高等三级学生） 方才各同学所说均极好，惟兄弟尚有几句，对诸君一言：昨日女同学同乐会开会，虽遇雨，而到者甚多，足见人心之齐。女子尚能如此，吾等不可不勉。

（批语）所说过杂，且因求合听者心理，文俗杂用，反不顺畅。

刘家桢（高等三级学生） 家桢近阅报纸，载国贼张勋，拥兵挟清帝复辟。此等叛逆，吾等当引为大戒，并须设法除去之。

（批语）登台称名，足见留心，因知凡事非经比较，莫由进步也。

冯思异（高等三级学生） 今天思异到校稍迟，因为在家教一小兄弟缀字。今即以缀字之法，为诸君一言。如以“梅”字为题，下或缀一“花”字，或缀一“树”字，或于“花”字下更缀一“好”字。不能提笔者，用商务印书馆所出售之《方字》为最好。诸君家有小弟小妹者，何妨以是为乐？

（批语）人虽瘦小，而音则极亮，所说亦极有味。

李绍先（高等三级学生） 进校数年，无甚进步。在自己心中，甚愿为国家尽一分责任。当前番公口林立，及袁氏叛国，均欲出而有所自效，无如体力不如人。将来当练成坚强之体力，以达此志。并望诸君于体育一项，注意为要。

（批语）意极好，而志亦可嘉。

郭昌亚（高等一级学生） 去岁袁世凯之称帝，今岁张勋之复辟，均谋叛民国，罪大恶极。袁逆幸已除，而张逆犹在，吾等当同扫除此恶。本已初学演说，如有不到，望诸君海涵。

（批语）登台精神极好，惟用字欠妥。

聂开达（高等一级学生） 开达所欲说，大致与诸君相同，惟开达顷由川归，谨将到川情形为诸君略为报告。开达自去岁到川，见四川习俗繁华，不及贵州之朴素，全不能研究学问，故自离诸君后，日益堕落，毫无进步。本拟即归，而父命不许，今得仍与诸君同聚一堂，非常喜悦。所说不到，望诸君指示。

（批语）言语从容，所说甚合身分。

蓝以康（高等一级学生） 将来吾国当行征兵制，国人皆须服兵役，吾等今日不可不练习体力，以为后日用。

（批语）征兵制将来必实行，汝等不可不速操练体力，使体育发达。能如本校杨生国英（杨生，榕江人，为本校学生中体力最强壮者），庶可称军国民中之一强健分子。

张济舟（高等一级学生） 刚才诸同学所说已多，济舟不再有言，惟济舟尚有告于诸君者：诸君举人出席演说，则对其人，不宜妄笑。如妄笑，即不应举。望诸君于此注意。

（批语）所说尚好，但笑亦人情，惟不宜过耳。

杨德英（高等一级学生） 同学中每因小故冲突，即曰“我要告你”，惹取恶感。德英甚不谓然。望诸君以后互相和睦，勿再有此等行为。

（批语）同学相亲爱。杨生所言，汝等当以为戒。

演说既历两时之久，于是由监视员宣告停止。略谓："今日诸生演说极好。难得此时间，使大家练习。惟时间已久，雨亦暂住，诸生可归家更换湿衣，温习功课。期考而后，又当继续开会。"语毕，散学。①

四、《来件选录》按语

校友周在文君，五年前毕业本校，其后考入清华学校，进步甚速。体力之发达，虽童年已如成人；善演说，议论风生，闻者倾倒。近接其自北京来信，言今岁夏季，当由中学升入高等，并寄赠杂志一本，曰《辛酉镜》。"辛酉"者，周君所居之级。盖其同学以将升入高等，乃缀成绩、述沿革、表姓氏、摄像影，以纪所学而用自镜。总其门类，凡十有三。中有"级友"一门，由同学互相为传，全级七十余人，无不备具。既可作后日规箴，又可练习作文法，至善也。兹摘录周君传以见一斑。②

五、游记

乙卯之役，舅氏率学友朱君雄甫、表弟仲博取道滇南，驰书铜仁，令顺道湘鄂，会于沪上，将于国体及教育二者，有所尽力。时袁兵已进驻晃州，途中数被盘诘，且遭圈禁。预计行程，余应先一月抵沪，比至，则舅氏先到数日矣。庆余不死，引见某公。某公盛道虚君共和之利，出所为稿，累千万言，实则复辟论之变相而已。舅氏与鄂友彭君力谏，至于泣下，某公为之敛容。

---

① 《达德周刊》1917年第17号，《民国珍稀短刊断刊·贵州卷》，第50—51页。原文分段，"批语"部分以实心圆点句读，余用空心圆圈句读，文尾以括号署名"若"。

② 《达德周刊》1917年第20号，《民国珍稀短刊断刊·贵州卷》，第59—60页。标题为本人所拟。该段文字位于"来件选录"栏目之下、周在文小传之前。原文用空心圆圈句读，段尾以括号署名"飞"。

已而国是粗定，赴东参观。及返沪，闻先外祖母仙逝信，欲归里而不得，遂作北方之游。凡所经历，余与朱君及表弟皆有记，而余记独多。去秋旅次重庆，舅氏见川事之可危，数进忠告，当局不省，遂只身隐遁。余亦偕表弟仓卒南旋，游稿遂皆散失。兹检定从前报告，得长函数通。怅触旧怀，不能自已，整理而布之，或亦可为后游者之一助也。

一　镇江之游（民国五年）

六月十五日晨，由苏州搭车至镇江。镇江古称南徐，亦称润州，或号京口，今改为丹徒县。大江横流，运河中贯，昔为商务巨镇，亦用兵之所必争。南北各地货物，皆以此地为转输。自京汉、津浦、沪宁铁路成，镇江不过为经过之一车站，商务遂一落千丈，仅有小部分之贸易。然畴昔规模，犹尚存在。近闻有议筑瓜清铁路之说。此议若成，或能恢复旧观也。[①]

下午一时，车抵镇江。车力脚夫，纷争接客，拉扯攘夺，不容自主，因即喝散，避入附近酒肆。肆前临溪水，垂杨掩映，清风徐来，村景佳绝。菜蔬数碟，清洁可口。飧后，接第一楼旅馆客单，雇人力车驰至该栈。栈设于城外，略为憩息，键户出游，沿江干行。因不识路，雇一小僮为导，进西城，入一小茶馆啜茗。房屋简陋，为中下等人聚饮之所。座中有老叟三，其一年已八十有余，须眉皓白，而精神矍铄，与谈往事，感慨伤怀。据云，幼年即遭洪杨之乱，流离奔走，九死一生。当发逆之破镇江也，各处焚虏，十室九空，尽驱居民投江中，稍为迟延，肝脑坠地，人命贱若蝼蚁。既不交战，专事抢杀。呜呼！此盖上天浩劫，人力莫挽。而今追思，尚不堪其栗惧云。[②]

---

① 《达德周刊》1917年第22号，《民国珍稀短刊断刊・贵州卷》，第68页。无标题，现取栏目名称“游记”为题。第一段文末以括号署名“飞”，第二段文末以括号标“未完”。原文用空心圆圈句读。

② 《达德周刊》1917年第23号，《民国珍稀短刊断刊・贵州卷》，第72页。原标题为“镇江之游”，标题下方括号内署“飞”，段尾括号内标“未完”。原文用空心圆圈句读。

首版《王若飞文集》的编辑组组长张克同志曾撰文介绍王若飞著述的存佚情况，认为王若飞现存最早的文章是作于1920年1月的《一个特别的学生》[①]。1996年出版的《王若飞文集》，则收录了对王若飞1916年10月21日在达德学校所作演说的简短记录一份[②]。自《王若飞文集》出版后，鲜有学者继续从事王若飞作品的搜集工作。可以说，本次笔者在《达德周刊》上意外发现的这批文章，对于早年王若飞的研究有比较重要的价值。

在影印出版的《达德周刊》(共18期)上，王若飞以“若”“飞”的笔名共发表了五篇文章，可见他是该刊的重要作者。在内容上，第一则《课余随笔》展示了他对欧战的高度关注和拳拳爱国之心；第二则《课余随笔》表明他对“联语”的浓厚兴趣，也显露了他与舅父黄齐生、表弟黄仲博的亲密关系；《训练一斑》是他对学生演讲及教师评语的速记，符合其作为学校“文牍员”的职责；《〈来件选录〉按语》则意味着王若飞这时已经参与到《达德周刊》的编辑工作中，据此还可进一步推断，在目前未能获见的《达德周刊》其他刊期上当会有王若飞更多的按语类文字；《游记》则记载了王若飞在1915年、1916年投身反袁斗争的重要行迹，尤其是记载了他于1916年6月15日自苏州抵镇江后的观感。故而《达德周刊》上的这些佚文，是考察王若飞的早期经历、思想、趣味的珍贵史料。

《民国珍稀短刊断刊·贵州卷》影印收录的《达德周刊》起于1917年第1号(4月1日)，迄于当年第23号(9月2日)，中间空缺第6、11、13、14、18号。实际上，该刊在1917年共计出版40期，1918年、1919年停刊，1920年又接续发行[③]。然笔者搜索国内主要图书馆的目录系统，均未见《达

① 张克:《关于王若飞的若干史实问题》,《贵州文史天地》1996年第6期。

② 《一次演说的记录》,中共安顺地委、中共安顺市委、贵州人民出版社编:《王若飞文集》,贵州人民出版社,1996年,第6页。标题由该书编者所加,编者未注文字来源。

③ 贺正奎:《多彩的达德校刊》,贵阳达德学校百年校庆编辑委员会编:《达德学校百年回顾》(一),2001年,第19页。

德周刊》的馆藏信息[①]，则《游记》之全璧及其余佚文的面世，只能寄望于日后的机缘。

作者通信地址：山东省青岛市崂山区松岭路238号中国海洋大学文学与新闻传播学院，邮编：266100。

责任编辑：郑小笛

① 《贵州省志·出版志》著录了贵州省图书馆收藏有《达德周刊》，但未说明馆藏刊期。见《清末、民国时期贵州期刊一览表》，贵州省地方志编纂委员会编：《贵州省志·出版志》，贵州人民出版社，1996年，第68页。检索今贵州省图书馆的馆藏目录系统，则无任何结果。

民国文献整理研究

按语：2015年至2018年，国家图书馆出版社每年出版《民国文献整理与研究发展报告》(以下简称《发展报告》)，对2017年之前的民国文献整理出版及研究情况按年度进行了持续追踪和总结。2022年，《民国文献研究》集刊创刊，刊物设立“民国文献整理研究”栏目，刊载民国文献整理出版年度报告、民国文献研究综述，并发表专题文献整理及研究综述文章。刊物于2022年第1辑发表《民国时期文献整理出版年度报告》，刊载2018年的年度报告，此后拟每辑发表年度报告一篇，接续《发展报告》，总结年度整理出版情况，补齐年度整理出版研究的缺口，以使民国文献整理出版的研究具有连续性，并梳理出完整清晰的文献整理出版现状脉络。

民国时期文献整理出版年度报告

段晓林[*]　唐晓艳[**]

摘　要：通过对2018年度民国时期文献整理出版数据的检索和统计分析，对当年度整理出版的167种5684册民国文献的出版数量、文献类型、出版机构以及题材类别等出版情况进行详细分析评述，总结2018年度民国时期文献在出版机构、出版选题、出版模式及出版文献类型等各方面的特点。

关键词：民国文献；文献出版；年度报告；2018

民国文献的整理出版，作为再生性保护的一种重要手段，得到越来越多的出版机构和民国文献馆藏机构的重视。根据笔者对出版机构网站、

* 段晓林(1971—　)，女，上海师范大学图书馆副馆长，上海师范大学人文学院硕士生导师，副研究馆员。

** 唐晓艳(1980—　)，女，上海师范大学图书馆资源与文献保障中心副主任，副研究馆员。

网上书店、书商征订目录、新书资讯等出版信息以及各大图书馆书目数据等的检索和统计（检索日期截至2022年6月10日），2018年全国共整理新编出版民国文献167种5684册（目录见文末附录）。整理的文献类型包括报纸、期刊、图书、档案、手稿以及各种类型文献的综合汇编等多种形式，涉及国家图书馆出版社、凤凰出版社、天津古籍出版社等52家出版机构，题材内容包括政治、历史、教育、文学、经济、艺术等各个方面。

一、出版数量

2018年全年共出版民国文献167种5684册，较2016年84种3600余册[①]和2017年95种5200册[②]，数量有一定的增长。2018年出版的民国文献中，单种图书册数超1000册的超大型出版物1种，超100册的大型出版物9种，50—99册的大中型出版物19种，20—49册的中型出版物31种。总体来看，20册以上大中型出版物品种数量合计60种，占到全年出版物品种数的35.9%，相较2016年62%、2017年61.1%的比例，有较大程度下降。而从20册以内出版物数量来看，总共107种，占比64.1%，其中10—19册29种，4—9册35种，1—3册43种，小型丛书甚至单册图书有一定的出版数量。（见表1）

此外，出版文献的码洋情况，一定程度上也可以反映出版规模。2018年出版的文献中，码洋超5万元的大型文献11种，占比6.6%；码洋在1万元至5万元之间的大中型文献54种；1000至1万元之间的中型文献56种，占比均为33.5%；1000元以内的小型文献或单册文献46种，占比27.5%。（见表1）

---

① 刘民钢、蔡迎春主编：《民国文献整理与研究发展报告：2017》，国家图书馆出版社，2018，第3页。

② 刘民钢、蔡迎春主编：《民国文献整理与研究发展报告：2018》，国家图书馆出版社，2019，第3页。

表 1　2018 年整理出版民国文献数量规模

单种册数	种
1000 册以上	1
100—999 册	9
50—99 册	19
20—49 册	31
10—19 册	29
4—9 册	35
1—3 册	43
合计	167

单种码洋	种
10 万元以上	6
50000 元至 99999 元	5
30000 元至 49999 元	21
10000 元至 29999 元	33
5000 元至 9999 元	22
1000 元至 4999 元	34
1000 元以内	46
合计	167

从出版物单一品种所包含的册数及码洋情况来看，2018年出版规模较前些年以大中型出版物为主的情况有所变化，形成大中型和中小型出版物并重的格局。这一变化，与2018年出版物文献类型的结构有一定相关性，除影印出版物外，史料辑录和目录编制类型的文献整理有所加强，通常这两种类型的出版物规模较小，大部分在1—3册之间。（见表1）

二、文献类型分布

从2018年整理出版民国文献的文献类型分布来看，所涉文献类型较多，包括期刊、报纸、图书、档案，以及调查报告、日记、书信、公报、手稿、剪报、讲义，乃至照片、绘画、印谱、唱本、侨批、会议记录、讣告等。（见表2）

表 2　2018 年整理出版民国文献类型

文献类型分类	种	册
图书	29	1919
综合汇编	29	1881
档案	26	333
报纸、期刊	23	674

续表

文献类型分类	种	册
目录	11	21
史料辑录	12	48
书信日记	7	54
调查报告	6	69
唱本、戏本	6	22
手稿	4	32
公报	4	390
剪报	3	94
其他（照片、印谱、侨批、讲义、会议记录、绘画、讣告等）	7	147
合计	167	5684

2000年以前，民国文献的整理出版大部分以影印、整理期刊为主，2000年以来，出版界开始关注图书的整理[①]并持续升温，2018年整理出版的民国图书类出版物29种1919册，出版品种数和册数均位列第一，在全年各类型出版物中占比分别为17.4%和33.8%，相较2016、2017年14种和20种的出版品种数量，有较大幅度提升。

各种类型文献中的综合汇编型出版物，数量29种，与图书持平；出版册数1881册，仅次于图书，占比33.1%。

从出版统计数据来看，档案和报刊也是近年来民国文献整理出版的主要方向之一，2018年全年档案类出版物26种333册，报刊类出版物23种674册，位列第三和第四，品种数和册数明显高于其他类型出版物。

除上述四种文献类型外，2018年出版较多的还有史料辑录和目录编制类型的文献。虽然2000年以来影印方式的整理受到重视，这两种形式的文献整理数量有所下降[②]，但从2018年的出版数据来看，史料辑录和目录编制出版物数量有所增加，分别出版12种48册和11种21册。

---

① 段晓林、蔡迎春：《2000年以来民国文献影印出版状况研究》，《大学图书馆学报》2017年第4期。

② 段晓林：《新编民国文献专科目录研究》，《图书馆建设》2018年第7期。

书信、日记作为近年来各出版机构较为重视的文献类型，2018年整理出版文献7种54册。公报及政府文件的整理出版，自二十世纪九十年代以来一直持续不断，2018年共计出版此类文献4种390册，较2016—2017年略有下降。调查报告的整理出版也是近年来一个重要的出版选材方向，2018年出版调查报告6种69册。与整本影印有所不同的是，2018年出版的对文献内容进行深度挖掘、分类摘编等，再辑录、汇编出版的编辑型出版物数量较此前有所提高，全年出版4种390册。

除上述类型的文献外，2018年整理出版的民国文献中，还包括绘画、剪报、手稿、照片、印谱、侨批、讲义、会议记录甚至讣告等多种类型的文献。

三、出版机构分布

2018年，整理出版民国时期文献的出版机构52家，其中国家图书馆出版社出版物品种最多，全年出版相关文献35种，占比21%。其次为上海书店出版社和线装书局，分别为12种和11种。其他依次为中央编译出版社出版8种，广西师范大学出版社、西南师范大学出版社、广陵书社、山西人民出版社各7种，北京燕山出版社6种，天津古籍出版社5种，学苑出版社、南京出版社各4种，社会科学文献出版社、凤凰出版社各3种，中华书局、上海远东出版社、河南人民出版社、西北大学出版社、南开大学出版社等其余38家出版社，出版数量各在1—2种之间。（见表3）

表3　2018年整理出版民国文献出版机构及地域分布

<table>
<tr><th>出版机构</th><th>数量（种）</th><th>是否首次出版民国文献</th><th>出版机构所属地区</th><th>出版机构数量</th><th>数量（种）</th></tr>
<tr><td>国家图书馆出版社</td><td>35</td><td></td><td rowspan="5">北京</td><td rowspan="5">16</td><td rowspan="5">80</td></tr>
<tr><td>线装书局</td><td>11</td><td></td></tr>
<tr><td>中央编译出版社</td><td>8</td><td>√</td></tr>
<tr><td>北京燕山出版社</td><td>6</td><td></td></tr>
<tr><td>学苑出版社</td><td>4</td><td></td></tr>
</table>

续表

出版机构	数量（种）	是否首次出版民国文献	出版机构所属地区	出版机构数量	数量（种）
社会科学文献出版社	3				
朝华出版社	2	√			
中华书局	2				
九州出版社	2				
中国文史出版社	1	√			
中国书籍出版社	1	√			
中国人民大学出版社	1				
文物出版社	1				
中国海关出版社	1				
高等教育出版社	1				
中国传媒大学出版社	1	√			
上海书店出版社	12		上海	7	20
上海远东出版社	2				
上海科学技术文献出版社	2				
上海书画出版社	1				
上海交通大学出版社	1				
上海大学出版社	1	√			
复旦大学出版社	1	√			
广陵书社	7		江苏	4	16
南京出版社	4				
凤凰出版社	3				
江苏人民出版社	2				
天津古籍出版社	5		天津	3	7
南开大学出版社	1				
天津人民出版社	1				
河南人民出版社	2	√	河南	3	4
海燕出版社	1	√			
中州古籍出版社	1				

续表

出版机构	数量（种）	是否首次出版民国文献	出版机构所属地区	出版机构数量	数量（种）
广东经济出版社	2		广东	3	4
广东人民出版社	1				
世界图书出版广东有限公司	1	√			
沈阳出版社	1	√	辽宁	3	3
辽宁美术出版社	1	√			
辽宁教育出版社	1				
厦门大学出版社	2		福建	2	3
福建人民出版社	1				
湖南美术出版社	1	√	湖南	2	2
湖南大学出版社	1	√			
山西人民出版社	7	√	山西	1	7
西南师范大学出版社	7		重庆	1	7
广西师范大学出版社	7		广西	1	7
西北大学出版社	2	√	陕西	1	2
四川大学出版社	1		四川	1	1
青岛出版社	1	√	山东	1	1
湖北人民出版社	1	√	湖北	1	1
贵州人民出版社	1	√	贵州	1	1
甘肃文化出版社	1	√	甘肃	1	1
合计	167	20		52	167

从出版机构地域分布来看，2018年民国文献整理出版机构共涉及19个省、市、自治区。（见表3）从出版社数量和出版文献种数来看，主要的出版机构集中在北京、上海、江苏三个地区，全年出版过民国文献的52家出版机构，27家在上述三个地区，占比超过50%；全年整理出版的167种民国文献中，上述三个地区出版116种，占比69.5%。其中北京地区出版机构的出版物品种最多，共16家出版社，出版图书81种。出版机构地域分布数据表明，北京、上海、江苏三个地区对民国文献整理较为重视，出版

社数量和整理出版的民国文献种数，远远超过其他地区，尤其是北京，遥遥领先于其他省、市、自治区。另外，2018年首次出版民国文献的出版机构共有20家，分别来自北京、上海、河南、广东、辽宁、湖南、陕西、山西、山东、湖北、贵州和甘肃。从2018年新加盟的出版机构分布数据来看，参与民国文献整理出版的出版机构，地域范围逐步扩大的态势明显。

四、题材类别

2018年整理出版的167种民国文献题材涉10余个类别。其中历史、地理类最多，出版52种，政治、法律类19种，艺术类18种。其他依次为：经济类14种、综合类13种、教育类13种、目录类12种、文学类10种、文化类6种，另有马克思主义、宗教、语言、社会、人口、医学、建筑等类各1—2种。（见表4）

表4 2018年整理出版民国文献题材类别

题材类别	种
政治、法律类	19
经济类	14
文化类	6
教育类	13
文学类	10
艺术类	18
历史、地理类	52
目录类	12
综合类	13
其他（马克思主义、宗教、社会、人口、医学、建筑）	10
合计	167

1.政治、法律类

2018年出版的政治、法律类文献19种，主要包括政府公报、政府文件、华侨史料、党史、外交、租界、法律等方面。

政府公报、政府文件汇编6种。政府公报有《浙江省政府公报：一九二七—一九四九》《河北省政府公报：一九二八—一九四八（外一种）》以及江苏人民出版社《民国江苏省政府公报》。政府文件有贵州人民出版社《中国乌江流域民国档案丛刊：沿河卷》，收录沿河土家族自治县档案馆所藏县边区联防办、县参议会档案。另有国家图书馆出版社《民国时期宁夏文献集成：第一辑》和《民国时期县政史料汇编》，前者搜集整理《宁夏省政府公报》《宁夏省政府行政报告》等民国时期宁夏省政府公报类文献，后者收录民国时期县政资料百余种，涉及县政体系、县政人员、县政实践及县政建设言论等。

华侨史料文献6种。国家图书馆出版社《云南和顺旅缅华侨史料汇编》《民国华侨史料三编》，分别收录和顺侨刊和旅缅华侨著述多种以及民国时期华侨相关史料56种。广东经济出版社《近代华侨报刊大系》第二辑、第三辑，共收录十九世纪中叶至1949年9月的侨刊和侨报180余种。厦门大学出版社《厦门大学海疆剪报资料选编：第二辑（华人华侨问题专辑）》选收民国时期厦门私立海疆学术资料馆剪辑整理而成的报纸资料中与华人华侨有关的部分。福建人民出版社《闽南侨批大全：第二辑》收录十九世纪八十年代至二十一世纪初闽南地区侨批及相关资料1万多封，体现不同的寄批国、不同的历史年代和不同的收批县乡的侨批特色。

外交方面的文献1种。社会科学文献出版社《〈李顿调查团报告书〉文献整理》收录1932年李顿调查团发表的对“满洲”问题及中日矛盾的报告报告4种。

党史方面文献1种。上海书店出版社《上海党史资料汇编》题材涉及中国共产党在上海创建的光荣历史，和跨越多个历史时期直至1949年5月上海解放的奋斗历程，是口述史、访谈记和回忆录史料文献的汇编。

租界文献1种。厦门大学出版社《近代厦门鼓浪屿公共租界档案汇编》选录厦门市档案馆馆藏1899—1945年历史档案，包括英美等国驻厦领事馆与公共租界函电，公共租界管理和机构与工部局、会审公堂往来公文等国家准许解密公布的历史档案。

法律方面的文献4种。中华书局《龙泉司法档案选编：第三辑》收录龙泉市档案馆所藏1982至1937年地方司法档案。中国人民大学出版社《革命根据地法律文献选辑：第三辑》收录抗日战争至解放战争时期老解放区的法律文献。其他相关的文献还有九州出版社《清末民国法政期刊汇编续编》以及广陵书社《近代西学东渐文献丛刊：政治学、法学卷》等。

2.经济类

2018年出版经济类文献14种，主要包括金融、工商业、农业、海关、税收、交通等方面。

金融方面文献3种。线装书局《沈阳金融博物馆藏金融档案文献汇编：第一辑》收录北洋政府时期珍稀金融文献。上海远东出版社《联合征信所：文字版》为《上海市档案馆藏近代中国金融变迁档案史料汇编：机构卷》之一种，收录上海市档案馆藏联合征信所的章程、会议记录，联合征信所各地分所报告、调查业务报告及往来函件等。复旦大学出版社《交通银行史料续编：1907—1949》辑录相关史料1000余条，对1995年出版的以中国第一历史档案馆、中国第二历史档案馆资料为主体的《交通银行史料》做了大量的增补，所收史料来源于《申报》《交行通信》《交通银行月报》《中国人民银行上海市分行档案》《中央银行史料》等。

工商业方面文献5种。凤凰出版社《民国无锡同业公会档案选编》第一辑、第二辑选取1912年至1949年间反映无锡民族工商业发展历程及同业公会组织、职能及其演变发展的档案资料影印出版。中华书局《生活书店会议记录：1933—1937》完整记载了诞生于二十世纪三十年代的生活书店的内部管理、运作状态和发展历程。西北大学出版社《雍兴实业股份有限公司档案史料选编》对二十世纪四十年代雍兴股份实业有限公司的档案史料进行选编整理，内容包括创设、架构与谢幕、基本章则、会议记录、发展报告、来往函件等。国家图书馆出版社《中国近代工业史料汇编：东北卷》收录近代东北地区工业文献155种，包括中文、日文文献，涉及政府工作报告、资源调查报告、工厂营业报告、会议记录等。

农村、土地问题方面的文献3种。上海科学技术文献出版社《近代中国农村问题研究资料汇编》收录农村问题的现状及对策、农民问题、农村经济问题、农业问题、农村社会治理、农村社会调查及重要期刊等相关文献200余种。广陵书社出版《近代中国土地问题研究资料汇编》收录土地问题总论、土地分配、土地利用、土地经济、土地租佃、土地政策、土地税和土地行政问题以及各省地政机关的施政报告等。世界图书出版广东有限公司《民国农业调查报告辑刊：第一辑（广东卷）》整理收录民国时期形成的广东农业调查报告178篇。

税收、海关方面的文献，包括国家图书馆出版社《民国时期税收史料汇编》和中国海关出版社《海关总署档案馆藏未刊中国旧海关出版物：1860—1949》（16—30册）两种。前者收录民国时期与税收相关的概要、报告、法规章则、地区税务资料、税务报刊、税务学校史料及税收著作；后者从2017年开始陆续出版各分册，2018年出至16—30册，收入稀见的旧海关内部出版物。

交通方面的文献则有国家图书馆出版社《民国时期铁路史料续编》，收入1912—1946年间的图书资料，各政府机构、铁路运营部门发布的内部资料等铁路史料108种。

3.文化类

2018年出版的文化类文献6种，主要包括国学、新闻、出版史、学术机构史等几个方面。

天津古籍出版社《国学经典丛刊：第三辑》选刊《万有文库》"国学基本丛书"中归入传统子部类的图书31种。新闻方面，则有国家图书馆出版社《民国时期新闻史料三编》，收入民国新闻史料62种；中国传媒大学出版社《中国近代新闻学文典》，精选汇编1900年至1949年在中国出版的新闻学著作；另外还有线装书局《近代日本在华报刊、通信社调查史料集成补遗》等。社会科学文献出版社《民国图书出版史编年：1912—1949》是关于民国时期图书出版活动史料的文献辑录，使用编年史体例，勾勒出民国时期的图书出版活动和发展历程。西南师范大学出版社《民国时期中国西部科学院档案开发》收录保存于重庆市档案馆中国西部科学院全宗内的关于中国西部科学院的历史档案。

4.教育类

2018年出版的文化教育类文献13种，主要包括学前教育、小学教育、高等教育及地方教育史等几个方面。

中央编译出版社出版的"百年学前教育文库"系列汇录清末以来近百年间在中国出版的有关学前教育的著述、译著以及应用类著作203种。小学教育方面，则有西南师范大学出版社的《民国小学教材选编》，选编237种民国小学生读本，包含国语、算术、社会、自然、工业、劳作、小说、戏剧、音乐、体育、游戏、卫生等30多个类目。有关大学教育的有西北大学出版社《国立西北联合大学档案史料选编》和国家图书馆出版社《民国时期武汉大学讲义汇编》两种，前者汇集了包括大学西迁的酝酿、国民政府相关章则训令、学校概况、学校重要会议记录、教职员、抗战与军训、学生、学术期刊等史料；后者收录民国时期武汉大学讲义近百种，涉及人文、自然科学等各个学科门类。地方教育史则有北京燕山出版社《雄安教育史料汇编》，选编收录雄安地区八县包括各县县志、晚清民国各大报刊、调查报告等所载的与教育有关的史料。另有广西师范大学出版社出版的《清至民国岭南杂字文献集刊》，收录101种地方乡土教材——杂字文献，所属地区涵盖了中国的广东、广西、香港、澳门等地区以及历史上深受汉文化影响的东南亚国家诸如新加坡、越南等。

5. 文学类

2018年出版的文学类文献10种，包括诗词、散文和综合性文学刊物几个方面。

诗词方面，河南人民出版社《中国近代文学文献丛刊：诗歌卷》，搜集、整理1840—1949年间的文学文献中优秀作家的诗歌代表作；上海书店出版社对创刊于1933年的《词学季刊》，在1985年影印版的基础上重新整理影印，以同名出版；另有江苏人民出版社《太仓博物馆藏殷继山捐赠清末民初名人诗文手稿集》以及国家图书馆出版社《吴秋辉遗稿补编》。有关散文的则有河南人民出版社《中国近代文学文献丛刊：散文卷》。

综合性文学刊物出版较多，大多以单刊形式整理影印出版，如上海书店出版社“民国期刊集成”系列的《语丝》《光明》以及广陵书社出版的《南社丛刻》。汇编形式整理出版的作品集主要有九州出版社《鲁迅全集》，以1938年蔡元培先生组织编辑并出版的《鲁迅全集》（首版）为底本将繁体竖排转为简体横排出版，内容和编排较大限度地与1938年版保持一致。海燕出版社的《新文学经典》，收录五四新文学运动后发展起来的一批杰出作家的经典作品。

6. 艺术类

2018年出版民国时期艺术类文献18种，包括电影、话剧、戏剧（戏曲）、美术、摄影等几种艺术形式。

电影、话剧方面，天津古籍出版社出版《老上海电影画报续编：银星》《老上海电影画报续编：电影月报》，这是该续编系列自2015年出版

《青青电影》《新华画报》《联华画报》等画报后对电影画报的持续整理出版；广陵书社出版的《近代电影史研究资料汇编》，收录重要电影史著作、电影年鉴等相关研究资料100余种；学苑出版社《民国话剧史料汇编：第一辑》，收录民国时期的话剧理论著作18种。

戏剧（戏曲）方面文献整理出版较多，2018年共整理出版8种。国家图书馆出版社的《清末民国京剧研究文献辑刊》，辑录清末民国时期颇具特色且至今较为少见的京剧研究文献。其他7种均是山西人民出版社“近代散佚戏曲文献集成”系列，包括《绘图精选昆曲大全》，收录50个有名的昆曲戏本200出，不仅有唱词，还附上全部唱词的工尺谱，并配有生动的手绘图；《近代戏曲唱本丛编》收录《战辽西》《明末遗恨》等民国年间出版的戏曲唱本数十种；《集成曲谱》（金集、声集、玉集、振集）为1925年商务印书馆版本的整理出版，收入88部传奇里的416出折子戏；《五十年来北平戏剧史材》汇编晚清光绪八年（1882年）至1932年北京几十个戏班演出的九百多个剧目以及各戏班戏单。

美术文献6种。广陵书社《近代美术史研究资料汇编》汇辑近代美术史研究资料200余种，包括重要美术杂志20余种。上海书画出版社《中国近现代美术期刊集成：第一辑》收录《美术》《美育》《亚波罗》等近现代美术期刊15种。湖南美术出版社《鲁迅藏中国现代版画全集》收录鲁迅生前所藏海内外拓印的中国新兴版画运动中的现代版画作品集与散页作品1854幅，均来自上海鲁迅纪念馆和北京鲁迅博物馆。朝华出版社《丰子恺藏李叔同印谱》收录弘一大师藏印191枚，源自真迹藏家丰子恺后人宋雪君先生。另有摄影文献1种，为学苑出版社出版的《京华旧影》，是首都图书馆馆藏老照片集，收入清末民国时期北京老照片200余张。画报文献1种，为辽宁美术出版社《东北画报影印集》，收录该刊从1945年12月创刊至1955年月6月出版的画报144期。

7.历史、地理类

2018年影印出版的历史、地理类民国文献，主要包括抗战史料（日本侵华史）、军阀史、地方史、书信日记、人物资料以及史学文集等几个方面，共52种。

从2015年抗战胜利70周年起，抗战（日本侵华史）题材文献的出版一直受到重视，2018年该题材的出版仍较为集中，数量较多。国家图书馆出版社《抗日战争史料丛编：第四辑》，为战时经济专辑，收录经济动员、经济建设，以及战时经济理论方面的著述。南京出版社《南京保卫战档案》为中国第二历史档案馆等单位典藏的有关南京保卫战的档案文献，涉及南京保卫战的组织、筹备、指挥、战斗等资料。上海远东出版社《中央档案馆藏美军观察组档案汇编》收录1944年至1947年2月中国共产党接待美军观察组来延安及抗日根据地的原始档案79件。上海科学技术出版社《淞沪抗战史料丛书续编III》集中了100余册关于两次淞沪抗战的珍贵史料。关于日本侵华史，则有线装书局出版的《九一八事变机密军事档案·关东军卷一》，重点收录从1931年“九一八”事变爆发至1935年12月间，日本关东军以《满洲事变情报》的形式送呈给日本陆军省和陆军参谋本部的军事机密档案，以及日本关东军武装占领东三省、热河省、河北省东部以及关东军镇压义勇军和东北抗日联军的档案等。沈阳出版社《九一八事变前日本在奉天的侵略活动档案汇编》收入沈阳市档案馆馆藏沈阳县公署档案239卷，真实记录了九一八事变前日本在奉天地区的侵略活动。南满洲铁道株式会社（以下简称“满铁”）在中国存续的40年间，积累了大量调查报告和档案文书，一直是学界研究和关注的重要资料宝库，也是近年整理出版的重要选题。2018年出版“满铁”史料4种，国家图书馆出版社的《南满洲铁道株式会社社史资料汇编》，汇集吉林省社会科学院所藏“满铁”社史资料；辽宁教育出版社《辽宁省档案馆馆藏满铁剪报选辑》，对辽宁省档案馆馆藏的108册“满铁”剪报进行编辑影印；广西师范大学出版社《满铁农村调查·地方类》第1卷、第2卷，编译辑录“满铁”在日本侵华时期对中国调查形成的材料，调查内容以农村经济为主，也包括农业、社会状况等。

关于军阀史方面的出版物主要有线装书局出版的《民国奉系军阀档案》，该系列自2016年出版1921年卷以来逐年连续出版，2018年出版1925—1931年共7卷，勾画出奉系军阀的发展脉络、组织构建、政权运作和思想体系，反映这一时期东北政治、经济、军事、外交、文化教育事业发展历程。

地方史料方面的文献较多，共16种，涉及宁夏、重庆、黑龙江、内蒙古、上海等地。国家图书馆出版社的《民国时期宁夏文献集成：第二辑》《北碚月刊：一九三三——九四九》《民国时期西康资料汇编》，是对民国时期的宁夏、北碚、西康史料的整理。西南师范大学出版社的“民国乡村建设：晏阳初华西实验区档案选编”系列，包含卫生建设实验与编辑宣传、社会调查、人事制度及管理、教育建设实验4种。广西师范大学出版社《伪蒙疆政权时期的“巴彦塔拉盟”——呼和浩特市档案局（馆）专题档案概况》《日伪统治时期的归绥——呼和浩特市档案局（馆）专题档案概况》及《土默特左旗档案馆藏土默特历史档案》，广东人民出版社《民国广州要闻录》，线装书局《伪满时期史料类编：地方卷（各市县旗情况汇览）》，社会科学文献出版社《黑龙江屯垦文献史料汇编》，上海交通大学出版社《上海史文献资料丛刊：第一辑》，北京燕山出版社《雄安〈申报〉文献卷》《雄安近代期刊卷》等，都是对民国时期地方史料的集中整理。

有关书信日记的文献7种，包括国家图书馆出版社《弢翁访书尺牍附梅泉访书尺牍》《建川博物馆藏侵华日军家书》《黄体润日记：一九三三—一九三九》《固圉斋珍藏名人墨迹》《丁山日记》、高等教育出版社《北京鲁迅博物馆藏中国近现代名人手札大系·6：许广平卷》、文物出版社《苏州博物馆藏近现代名人日记稿本丛刊》等。

人物资料5种，其中南京出版社出版的《中山陵档案》3种，收录悼念纪事、安葬过程及筹建中山陵的档案史料；上海书店出版社出版的《民国人物资料专辑一》汇辑民国时期编纂刊行的包括人物志、人名录、人名辞典、人名图鉴等在内各种体裁的综合性民国人物资料约70种；凤凰出版社《上海图书馆藏赴闻集成》，收入上海图书馆藏晚清和近代人物赴闻1268种。

其他历史类文献还有中国文史出版社《吕思勉史学经典》和上海大学出版社《张尔田著作集》，分别汇集吕思勉史学名著及张尔田未版稀见著作。

地理类有天津古籍出版社《旅行杂志：1937—1949》和上海书店出版社《旅行杂志：1927—1954》；甘肃文化出版社《中国西行文献丛书：第二辑》，收录宋代到民国时期的重要西行文献112种；广西师范大学出版社《“中国研究”外文旧籍汇刊：中国记录（第十辑）》，收集17世纪以来到中国的西方人留下的关于中国记录的英文旧籍10种；北京燕山出版社《近代域外考察资料汇编》，收录各界人士对包括金融、文教等在内海外各行各业的考察资料、调查报告等。

8. 目录类

2018年出版目录整理著作12种，主要为专题目录和馆藏目录。

专题目录6种。其中大型影印丛书的单行版目录2种，包括西南师范大学出版社《民国乡村建设：晏阳初华西实验区档案编目提要》、国家图书馆出版社《东亚同文书院中国调查手稿丛刊续编：总目、索引》；专题目录汇编4种，天津人民出版社《中国现代文学期刊目录汇编》，收入1911—1949年间我国现代文学期刊267种，该书曾于1988年9月由天津人民出版社出版过，此次为影印出版，对初版中原刊的目录进行补充整理，并增加了索引；青岛出版社出版的《1892—1949文学期刊信息总汇》，收录从1872年中国第一份文学期刊《瀛寰琐记》创刊至1949年9月77年间的文学期刊，著录刊名、刊期、创刊时间及地域、编辑人（所）、发行人（所）、印刷人（所）、休刊或复刊或终刊、主要栏目、主要撰稿人等相关信息；国家图书馆出版社《民国时期图书总目·哲学》系大型丛书《民国时期图书总目》中的哲学分卷（其他分卷将逐年陆续出版），收录1911年到1949年9月出版的有关哲学、心理学方面的中文图书4830种；学苑出版社《中国近代中医书刊联合目录》，调研、收集、整理全国181家公共图书馆和专业图书馆中国近代中文中医药图书（1911—1949）及医药期刊（1900—1949）文献资源目录信息。

馆藏目录6种，均为国家图书馆出版社“浙江省民国时期传统装帧书籍普查登记目录”系列，包括绍兴图书馆、浙江图书馆、温州市图书馆、衢州市博物馆、临海市图书馆、嘉善县图书馆等民国文献收藏单位传统装帧书籍普查登记目录。

9. 综合类

2018年出版综合类文献13种，主要为综合性的图书、报刊以及学者文集等。

综合性图书主要有对民国时期出版的大型丛书的整理影印，如中州古籍出版社《万有文库：第二辑》，上海书店出版社《四部丛刊》《四部备要》《民国丛书：全五编》。也有对民国时期出版各类图书的整理汇编，如国家图书馆出版社《民国文献类编续编》收录民国时期文献约3000种，文献类型以图书为主，包括平装、线装，兼收手稿、档案等，有铅印本、石印本、油印本、稿本等。

综合性报刊主要有学苑出版社出版的《近代日本出版中文期刊丛编》，收录清光绪二十四年（1898）至民国三十七年（1948）50年间在日本出版的中文期刊47种；广陵书社《民国珍稀专刊汇编》，搜集汇编民国时期稀见的特刊、专辑；朝华出版社《中国近代各地小报汇刊续编：第一辑》，收录小报中的"四大金刚"（《晶报》《金刚钻》《福尔摩斯》《罗宾汉》）；另外还有一些单行出版的期刊和报纸，如上海书店出版社《永安月刊》《上海生活》、四川大学出版社《人文月刊》、国家图书馆出版社《宁夏民国日报》等。

学者文集有国家图书馆出版社《刘咸炘著作手稿汇编》等。

10. 其他类

除上述学科外，2018年的民国文献整理出版，还有关于马克思主义研究、宗教、语言、社会、人口、建筑、医学等各方面文献的汇编。

马克思主义研究方面的文献有湖北人民出版社《马克思主义在中国早期传播著作选集：第一编（经典著作）》，收录从1917年至1927年间出版的14种马克思主义在中国早期传播的经典著作。有关宗教方面的文献有上海书店出版社、南开大学出版社分别单行出版的基督教报纸《中国教会新报》，该报为民国时期出版的《万国公报》的前身。社会问题方面的文献有北京燕山出版社《近代社会问题研究资料丛刊》《近代社会考察资料汇编》，前者选编对中国近代特别是民国时期社会问题整体状况进行研究的125种资料，后者收录大量清末民初各界人士对国内经济、文化、工业、农业、金融、制度等各行各业的考察资料、调查报告。另有中国书籍出版社《民国时期水旱灾害剪报资料汇编》，初步整理中国水科院水利史研究所藏有关水旱灾害及灾害救济等相关剪报6000余件。有关人口问题的图书为广陵书社《近代中国人口问题研究资料汇编》，收录近代人口问题相关研究资料500余种。语言学方面主要为湖南大学出版社《岳麓书院藏杨树达手稿全编》，收录我国语言学大师杨树达手稿残稿（残稿由其后人捐给岳麓书院）。建筑方面的文献有天津古籍出版社《民国建筑学文献汇编》，精选近两百种珍贵的建筑专业文献中的相关著作和文章。医学方面有国家图书馆出版社《中国近代医疗卫生资料汇编》，收录有关医疗卫生的文献123种，其中图书115种，期刊8种。

五、整理出版特点

（一）出版机构数量增加，出版特色及优势明显

1.参与民国文献出版的机构数量大幅增加

从2018年出版机构的分布来看，出版过民国文献的出版机构52家，其中国家图书馆出版社出版35种文献，合计1857册。从出版数量上看，国家图书馆出版社的优势地位，与前些年一样非常明显。除国家图书馆出版社外，一些2000年以后较为重视民国文献整理出版的机构，如上海书店出版社、线装书局、广陵书社、天津古籍出版社、广西师范大学出版社，以及近年来在民国文献整理出版方面有上佳表现的凤凰出版社、南京出版社、学苑出版社等，2018年仍旧维持了较好的出版势头。另外一些此前较少出版民国文献的机构，如中央编译出版社、中国文史出版社、中国书籍出版社、上海大学出版社、复旦大学出版社等，2018年也加入文献整理出版行列，且首次出版民国文献的新加盟出版社多达20家，出版品种量最多的中央编译出版社整理出版数量达到8种，其他各家也有1—2种整理出版成果面世，且大部分为成套、成系列的大中型出版物。

2.重点出版社优势显著

从近年来民国文献的影印出版现状来看，已形成以国家图书馆出版社为主要出版中心和重心，各地方出版社纷纷参与出版的格局。国家图书馆出版社充分利用国家图书馆的文献资源优势，在2000年以来的民国文献整理出版中逐渐形成特色和重点，在出版数量和出版规模上，遥遥领先于全国。从2018年的出版数据看，依然维持这一出版格局。然而，民国文献的保护和整理，需要来自全国的共同努力，有着良好出版基础和显著资源优势的上海、南京、重庆等地的出版机构，亦应进一步加强民国文献的整理和挖掘，在民国文献出版方面，有更大作为[①]。

3.各出版机构出版特色明显

一些主要的民国文献出版机构已经形成了自己的出版特色和系列，从

---

① 段晓林、蔡迎春：《2000年以来民国文献影印出版现状研究》，《大学图书馆学报》2017年第4期。

2018年的出版情况看，出版机构都继续保持自己的出版特色。如国家图书馆出版社“民国文献资料丛编”“历代名人日记手札”系列，上海书店出版社“民国期刊集成”系列，广西师范大学出版社“满铁调查报告”系列等，依旧有相关文献持续出版，而广陵书社“近代中国研究资料丛刊”，山西人民出版社“近代散佚戏曲文献集成”则逐渐形成自己的出版特色。

（二）出版选题相对集中，同一类型题材受到持续关注

1.传统热点选题受到持续关注

抗战文献的出版，近几年热度依然不减。如前所述，2018年再次推出一系列相关文献，在此不再赘述。

除抗战文献外，艺术类电影、戏剧、美术文献，政治、法律类华侨史料，历史、地理类地方史料，经济类金融银行史料，文学类各种文学刊物，文化类国学经典、新闻史料等的整理出版，也是近年来一直受到关注的选题。2018年依旧承续了这些选题方向上的文献整理，形成多家出版社持续开展整理、资源类型多样、内容相互补充、出版系列成果相互呼应的格局。

比如关于华侨方面的文献，最早的整理成果始于2007年广西师范大学出版社《潮汕侨批集成》，此后整理成果一直持续不断，包括国家图书馆出版社整理出版《民国华侨史料汇编》《民国华侨史料续编》《民国时期福建华侨史料汇编》《福建侨批档案文献汇编》，广东经济出版社编辑《近代华侨报刊大系：第一辑》，浙江古籍出版社出版《青田华侨档案汇编（民国）》，福建人民出版社《闽南侨批大全：第一辑》等。至2018年，华侨文献的出版更为集中，包括国家图书馆出版社《云南和顺旅缅华侨史料汇编》《民国华侨史料三编》，福建人民出版社《闽南侨批大全：第二辑》，广东经济出版社《近代华侨报刊大系》（第二辑、第三辑）以及厦门大学出版社《厦门大学海疆剪报资料选编：第二辑（华人华侨问题专辑）》等。电影方面的文献也是类似的情况。较早的整理始于2002年全国图书馆文献缩微复制中心发行《民国电影早期画刊》和2011年岳麓书社的《电影杂志》，比较集中的整理在2016年后，天津天籍出版社出版《上海文献汇编：电影卷》《老上海电影画报续编：联华画报》，2018年继续出版该续编的《银星》和《电影月报》两种单刊，广陵书社出版《近代电影史研究资

料汇编》等。

另外，民国时期出版的几种大型丛书，如《四部丛刊》《四部备要》《万有文库》等仍然受到关注，1949年后已有多个翻印版本出版，2018年上海书店出版社和中州古籍出版分别进行了再次整理出版。

2.新的专题资源得到开发整理

除上述一直被关注的选题外，2018年也出版了一些新专题汇编文献，如湖北人民出版社《马克思主义在中国早期传播著作选集：第一编（经典著作）》就是对马克思主义相关文献的首次整理。

（三）出版模式保持延续性，续编出版较为普遍

2018年民国文献整理出版最为明显的特点就是大部分出版社采取了近年来较为普遍的整理模式，即在资源内容收集和形式编排上保持延续性，纷纷出版同一题材文献的续编。

如国家图书馆出版社的《民国文献类编续编》为2015年出版的《民国文献类编》的续编，收录文献以存世较少、较为珍稀的官方、机构和相关团体的出版物、内部资料和地方文献为主；《民国时期新闻史料三编》是在2011年出版《民国时期新闻史料汇编》、2017年出版《民国时期新闻史料续编》之后，进一步收集史料汇编而成；《抗日战争史料丛编：第四辑》亦是在2014—2016年出版第一至三辑的基础上，汇辑抗战时期政治、经济、军事等方面的重要文献。广东经济出版社2018年出版了《近代华侨报刊大系》第二辑、第三辑，其第一辑则出版于2015年。广西师范大学出版社《“中国研究”外文旧籍汇刊·中国记录》第一辑的整理出版始于2009年，此后每年汇编一辑，至2018年出版至第十辑。中国人民大学出版社《革命根据地法律文献选辑：第三辑》亦是在2017年出版第一辑、第二辑后，2018年出版第三辑。中国海关出版社《海关总署档案馆藏未刊中国旧海关出版物：1860—1949》则采用相同的丛书名，每年出版各分册，2017年出版1—15分册，2018年出版16—30分册。高等教育出版社《北京鲁迅博物馆藏中国近现代名人手札大系》总计25卷，亦是逐年分卷出版，2016年出版第1—5鲁迅卷，2018年出版第6卷许广平卷。《中国近代各地小报汇刊续编：第一辑》则是在学苑出版社2008—2017年陆续推出《中国近代各地小报汇刊》第一至六辑之后，由朝华出版社接续出版续编。2018年

以续编、多卷本形式出版的文献还包括国家图书馆出版社《民国时期铁路史料续编》《民国宁夏文献集成：第二辑》《民国华侨史料三编》，福建人民出版社《闽南侨批大全：第二辑》，九州出版社《清末民国法政期刊汇编续编》，天津古籍出版社《国学经典丛刊：第三辑》《老上海电影画报续编》(《银星》《电影月报》)，中华书局《龙泉司法档案：第三辑》，线装书局《民国奉系军阀档案》(1925年卷—1931年卷)，上海科学技术出版社《淞沪抗战史料续编III》等。

同时，一些新出版的汇编，也为后续的可持续出版作铺垫，如广陵书社《近代西学东渐文献丛刊》于2018年推出“政治学、法学卷”后，亦拟在此后逐年出版“经济、教育”“历史、哲学”等各卷。其他如学苑出版社《民国话剧史料汇编：第一辑》，线装书局《九一八事变机密军事档案：关东军卷一》《沈阳金融博物馆藏金融档案文献汇编：第一辑》，世界图书出版广东有限公司《民国农业调查报告辑刊：第一辑（广东卷）》，上海书画出版社《中国近现代美术期刊集成：第一辑》，很大一部分大型丛书，均是在收录文献达到一定的基础数量之后，先行出版，并拟后续持续补充资源，以续编的模式出版。

（四）出版文献类型多样，特色类型文献受到重视

1.所涉文献类型多样

除传统的报刊、图书、档案等的整理外，2018年出版的民国文献，所涉文献类型多样，还包括唱本、绘画、剪报、手稿、照片、印谱、侨批、讲义、会议记录甚至讣告等多种类型。

山西人民出版社集中出版了一批唱本文献，包括《绘图精选昆曲大全》《近代戏曲唱本丛编》以及《集成曲谱》等。剪报和手稿近年一直陆续有相关出版整理，2018年出版《刘咸炘著述手稿汇编》《太仓博物馆藏殷继山捐赠清末民初名人诗文手稿集》《吴秋辉遗稿补编》《岳麓书院藏杨树达手稿全编》等手稿以及《厦门大学海疆剪报资料选编：第二辑（华人华侨问题专辑）》《民国时期水旱灾害剪报资料汇编》《辽宁省档案馆馆藏满铁剪报选辑》等剪报资料。绘画、印谱、照片类文献的整理出版也有涉及，主要有湖南美术出版社《鲁迅藏中国现代版画全集》、朝华出版社《丰子恺藏李叔同印谱》和学苑出版社《京华旧影》。讲义、教材的整理

也继续受到关注，2018年国家图书馆出版社出版《民国时期武汉大学讲义汇编》，西南师范大学出版社出版《民国小学教材选编》。中华书局出版的《生活书店会议记录：1933—1937》则是对会议记录的整理。另外，凤凰出版社《上海图书馆藏赴闻集成》是对民国时期讣告类文献的首次整理。

2.期刊单刊影印和汇编整理并重

在2018年整理出版的所有22种报刊类文献中，以单刊影印形式出版的16种，包括《人文月刊》《永安月刊》《上海生活》《宁夏民国日报》《东北画报》《银星》《电影月报》《南社丛刻》《语丝》《光明》《中国教会新报》《旅行杂志》《北碚月刊》《词学季刊》等。需要特别指出的是，存在多家出版社多次，或者同一家出版社反复影印出版的情况。比如《旅行杂志》上海书店出版社和天津古籍出版社都在2018年进行了出版，只是收录该刊的年代有所区别，前者收录1927—1954之间的期刊，后者则是分段出版，1927—1936年部分出版于2016年，2018年出版的是1937—1949年的部分。民国时期重要报纸《万国公报》的前身《中国教会新报》，也在2018年同时被南开大学出版社和上海书店出版社出版。上海书店出版社2018年出版的其他几种单刊，《语丝》曾于1982年由上海文艺出版社出版，《永安月刊》2017年底广东人民出版社全刊影印出版，《光明》一刊也于1985年由上海书店出版社和上海文艺出版社分别出版过，《词学季刊》也是在1985年上海书店影印版的基础重新整理出版。

以汇编形式整理的7种，均是按一定的专题汇集相关期刊，比如学苑出版社《近代日本出版中文期刊丛编》专门收集近代在日本出版的47种中文期刊；广陵书社《民国珍稀专刊汇编》收录民国时期各种期刊的特刊、特辑、专辑、专号、增刊、纪念号、号外等；广东经济出版社《近代华侨报刊大系》（第二辑、第三辑）收录国内外收藏的各种侨刊；九州出版社《清末民国法政期刊汇编续编》、上海书画出版社《中国近现代美术期刊集成：第一辑》则按内容汇编法政类、美术类期刊。同时需要指出的是，这些专题，部分此前也受到过关注，并出版过相关文献。如关于各类专刊，2011年全国图书馆文献缩微复制中心出版过《民国珍稀专刊特刊增刊纪念号汇编》；关于华侨史料，国家图书馆出版社2011、2017年分别出版过《民国华侨史料汇编》《民国华侨史料续编》，2016年出版过《民国时期福建华侨史料汇编》等。

从2018年的期刊整理出版来看，存在单刊影印和汇编整理并重的情况，但同时也存在多家出版社关注相同选题，甚至重复出版等方面的问题。

3.特色类型文献受到持续关注

除期刊和图书的持续整理外，近些年一直受到重视的还有政府公报、调查报告、书信日记等一些较有特色的文献类型，2018年继续有相关文献出版。如政府公报类的《民国江苏省政府公报》《河北省政府公报：一九二八——一九四八》《浙江省政府公报：一九二七——一九四九》《民国时期宁夏文献集成：第一辑》；调查报告类的《满铁农村调查：地方类》《近代社会考察资料汇编》《近代日本在华报刊、通信社调查史料集成补遗》《民国农业调查报告辑刊：第一辑（广东卷）》等；书信日记类的《黄体润日记：一九三三——一九三九》《固圉斋珍藏名人墨迹》《北京鲁迅博物馆藏中国近现代名人手札大系6：许广平卷》《弢翁访书尺牍附梅泉访书尺牍》《苏州博物馆藏近现代名人日记稿本丛刊》等。

4.目录编制受到重视

2018年出版的《民国时期图书总目・哲学》是对民国时期出版图书重新整理编制的大型目录《民国时期图书总目》的第一种，此后将陆续出版其他各卷。该目录在20世纪80年代《民国时期总书目》的基础上进行了大量补充和校订，在收藏单位的代表性、书目数据的完整性、著录内容的准确性等方面都实现了对以往同类型目录的超越，涵盖的收藏单位近60家，收录的图书数据预计有24万种，是现阶段收录民国图书数据最多的目录。此外，国家图书馆出版社推出“浙江省民国时期传统装帧书籍普查登记目录”系列，2018年出版浙江省各市县馆藏目录6种。另外，还有以文学目录为主的专题目录以及大型丛书的单行本目录等多种。

应该说，2018年目录编制方式的整理出版相较往年，受到一定的重视，无论是出版数量、整理质量，还是类型的多样性方面，都有较大提升。

附录：2018年整理出版民国时期文献目录（以题名字顺排列）

1.百年学前教育文库第一辑：儿童教育研究/熊传等主编.—中央编译

出版社.—9册

2.百年学前教育文库第二辑：儿童教育课程与教学法/黄彦震等主编.—中央编译出版社.—10册

3.百年学前教育文库第三辑：儿童生活与健康教育/喻正莹等主编.—中央编译出版社.—8册

4.百年学前教育文库第四辑：儿童语言教育/张雪萍等主编.—中央编译出版社.—8册

5.百年学前教育文库第五辑：儿童科学与艺术教育/程志宏等主编.—中央编译出版社.—5册

6.百年学前教育文库第六辑：儿童社会与特殊教育/李小雨等主编.—中央编译出版社.—6册

7.百年学前教育文库第七辑：儿童心理研究/张玉琴等主编.—中央编译出版社.—11册

8.百年学前教育文库第八辑：儿童研究与保教管理/王瑜等主编.—中央编译出版社.—8册

9.北碚月刊（一九三三——一九四九）/北碚图书馆编.—国家图书馆出版社.—5册.—民国文献资料丛编

10.北京鲁迅博物馆藏中国近现代名人手札大系·6：许广平卷/北京鲁迅博物馆编.—高等教育出版社.—1册

11.词学季刊/龙沐勋主编.—上海书店出版社.—4册.—民国期刊集成

12.丁山日记/丁山著.—国家图书馆出版社.—1册.—历代名人日记手札

13.东北画报影印集/辽宁美术出版社编.—辽宁美术出版社.—12册

14.东亚同文书院中国调查手稿丛刊续编：总目、索引/冯天瑜主编.—国家图书馆出版社.—1册

15.丰子恺藏李叔同印谱/李莉娟，宋雪君主编；张金声整理.—朝华出版社.—1册

16.革命根据地法律文献选辑：第三辑·抗日战争—解放战争时期老解放区的法律文献（1937—1949）/张希坡主编.—中国人民大学出版社.—10册

17.固圉斋珍藏名人墨迹/吴锡祺、叶于敏编.—国家图书馆出版社.—1

册.—历代名人日记手札

18.光明/上海书店出版社编.—上海书店出版社.—5册.—民国期刊集成

19.国立西北联合大学档案史料选编/陕西省档案局编.—西北大学出版社.—2册

20.国学经典丛刊：第三辑/蒋玉伟，任国祥主编.—天津古籍出版社.—30册

21.海关总署档案馆藏未刊中国旧海关出版物：1860—1949（16—30册）/中华人民共和国海关总署办公厅，中国海关学会编.—中国海关出版社.—15册

22.河北省政府公报：一九二八—一九四八（外一种）/《河北省政府公报》编委会编.—国家图书馆出版社.—160册.—民国文献资料丛编

23.黑龙江屯垦文献史料汇编/张翔主编.—社会科学文献出版社.—4册.—中国屯垦史研究丛书

24.黄体润日记：一九三三—一九三九/黄体润著.—国家图书馆出版社.—3册.—历代名人日记手札

25.绘图精选昆曲大全/怡庵主人辑.—山西人民出版社.—4册.—近代散佚戏曲文献集成

26.集成曲谱金集/王季烈，刘富梁辑.—山西人民出版社.—4册.—近代散佚戏曲文献集成

27.集成曲谱声集/王季烈，刘富梁辑.—山西人民出版社.—4册.—近代散佚戏曲文献集成

28.集成曲谱玉集/王季烈，刘富梁辑.—山西人民出版社.—4册.—近代散佚戏曲文献集成

29.集成曲谱振集/王季烈，刘富梁辑.—山西人民出版社.—4册.—近代散佚戏曲文献集成

30.嘉善县图书馆等八家收藏单位民国时期传统装帧书籍普查登记目录/本书编委会.—国家图书馆出版社.—1册.—浙江省民国时期传统装帧书籍普查登记目录

31.建川博物馆藏侵华日军家书/尹建英，潘殊闲主编.—国家图书馆出版社.—8册.—抗战及对日战犯审判文献

32.交通银行史料续编：1907—1949/章义和，杨德钧.—复旦大学出版社.—2册

33.近代电影史研究资料汇编/马昕编.—广陵书社.—40册

34.近代华侨报刊大系：第二辑/广东省立中山图书馆编.—广东经济出版社.—35册

35.近代华侨报刊大系：第三辑/广东省立中山图书馆编.—广东经济出版社.—45册

36.近代美术史研究资料汇编/马昕编.—广陵书社.—50册

37.近代日本出版中文期刊丛编/宫楚涵，俞冰主编.—学苑出版社.—95册

38.近代日本在华报刊、通信社调查史料集成补遗/许金生编.—线装书局.—4册

39.近代厦门鼓浪屿公共租界档案汇编/厦门市档案局（馆）编.—厦门大学出版社.—2册

40.近代社会考察资料汇编/周俊旗主编.—北京燕山出版社.—52册

41.近代社会问题研究资料丛刊/周俊旗主编.—北京燕山出版社.—58册

42.近代西学东渐文献丛刊：政治学、法学卷/樊秋实编.—广陵书社.—56册.—近代学术史研究资料丛刊

43.近代戏曲唱本丛编/丛书编委会编.—山西人民出版社.—2册.—近代散佚戏曲文献集成

44.近代域外考察资料汇编/杨广富主编.—北京燕山出版社.—50册.—丝绸之路史料乙种

45.近代中国农村问题研究资料汇编/樊秋实编.—上海科学技术文献出版社.—50册.—近代中国研究资料丛刊

46.近代中国人口问题研究资料汇编/樊秋实编.—广陵书社.—37册.—近代中国研究资料丛刊

47.近代中国土地问题研究资料汇编/樊秋实编.—广陵书社.—46册.—近代中国研究资料丛刊

48.京华旧影/首都图书馆编.—学苑出版社.—1册

49.九一八事变机密军事档案：关东军卷一/范丽红主编.—线装书局.—

20册

50.九一八事变前日本在奉天的侵略活动档案汇编/沈阳市档案馆编.—沈阳出版社.—5册

51.抗日战争史料丛编：第四辑/中国社会科学院近代史研究所，中国抗日战争史学会编.—国家图书馆出版社.—50册.—民国文献资料丛编

52.老上海电影画报续编：电影月报/沈芸编.—天津古籍出版社.—5册

53.老上海电影画报续编：银星/沈芸编.—天津古籍出版社.—10册

54.《李顿调查团报告书》文献整理/范国平主编.—社会科学文献出版社.—5册

55.联合征信所：文字版/庄志龄编.—上海远东出版社.—2册.—上海市档案馆藏近代中国金融变迁档案史料汇编·机构卷

56.辽宁省档案馆馆藏满铁剪报选辑/辽宁省档案馆编.—辽宁教育出版社.—60册

57.临海市图书馆等八家收藏单位民国时期传统装帧书籍普查登记目录/本书编委会编.—国家图书馆出版社.—1册.—浙江省民国时期传统装帧书籍普查登记目录

58.刘咸炘著述手稿汇编/何光伦主编.—国家图书馆出版社.—18册.—民国文献资料丛编

59.龙泉司法档案选编：第三辑（一九二八——九三七）/包伟民主编.—中华书局.—30册

60.鲁迅藏中国现代版画全集/本书编委会编.—湖南美术出版社.—5册

61.鲁迅全集/鲁迅先生纪念委员会编著.—九州出版社.—20册

62.吕思勉史学经典/吕思勉著.—中国文史出版社.—10册

63.旅行杂志：1927—1954/上海书店出版社编.—上海书店出版社.—71册.—民国期刊集成

64.旅行杂志：1937—1949/张玮主编.—天津古籍出版社.—40册.—馆藏民国珍贵史料丛刊

65.马克思主义在中国早期传播著作选集：第一编（经典著作）/田子渝等主编.—湖北人民出版社.—3册

66.满铁农村调查：地方类（第1卷）/徐勇，邓大才主编.—广西师范大学出版社.—1册

67.满铁农村调查：地方类（第2卷）/徐勇，邓大才主编.—广西师范大学出版社.—1册

68.民国丛书：全五编/《民国丛书》编辑委员会编—上海书店出版社.—500册

69.民国奉系军阀档案：1925年卷/辽宁省档案馆编；赵焕林主编.—线装书局.—18册

70.民国奉系军阀档案：1926年卷/辽宁省档案馆编；赵焕林主编.—线装书局.—19册

71.民国奉系军阀档案：1927年卷/辽宁省档案馆编；赵焕林主编.—线装书局.—8册

72.民国奉系军阀档案：1928年卷/辽宁省档案馆编；赵焕林主编.—线装书局.—13册

73.民国奉系军阀档案：1929年卷/辽宁省档案馆编；赵焕林主编.—线装书局.—17册

74.民国奉系军阀档案：1930年卷/辽宁省档案馆编；赵焕林主编.—线装书局.—20册

75.民国奉系军阀档案：1931年卷/辽宁省档案馆编；赵焕林主编.—线装书局.—22册

76.民国广州要闻录/广东省档案馆编.—广东人民出版社.—20册.—近代广东海关档案

77.民国华侨史料三编/国家图书馆编.—国家图书馆出版社.—20册.—民国文献资料丛编

78.民国话剧史料汇编：第一辑/赵骥主编.—学苑出版社.—7册

79.民国建筑学文献汇编/王世仁主编.—天津古籍出版社.—52册

80.民国江苏省政府公报/江苏省档案馆，南京图书馆编.—江苏人民出版社.—10册

81.民国农业调查报告辑刊：第一辑（广东卷）/倪根金，陈志国编.—世界图书出版广东有限公司.—6册

82.民国人物资料专辑一/复旦大学历史系资料室编；傅德华主编.—上海书店出版社.—30册.—民国丛书续编第二编

83.民国时期宁夏文献集成：第一辑/李习文，刘天明主编.—国家图书

馆出版社.—20册

84.民国时期宁夏文献集成：第二辑/李习文，刘天明主编.—国家图书馆出版社.—26册

85.民国时期水旱灾害剪报资料汇编/中国水利水电科学研究院编.—中国书籍出版社.—19册

86.民国时期税收史料汇编/魏文享主编.—国家图书馆出版社.—30册.—民国文献资料丛编

87.民国时期铁路史料续编/王亚宏编.—国家图书馆出版社.—30册.—民国文献资料丛编

88.民国时期图书总目·哲学/国家图书馆编.—国家图书馆出版社.—1册

89.民国时期武汉大学讲义汇编/周荣主编.—国家图书馆出版社.—34册.—民国文献资料丛编

90.民国时期西康资料汇编/中国民族图书馆编.—国家图书馆出版社.—54册.—民国文献资料丛编

91.民国时期县政史料汇编/国家图书馆编.—国家图书馆出版社.—30册.—民国文献资料丛编

92.民国时期新闻史料三编/方汉奇等主编.—国家图书馆出版社.—26册.—民国文献资料丛编

93.民国时期中国西部科学院档案开发/重庆市档案局（馆）编.—西南师范大学出版社.—10册.—国家重点档案保护与开发丛书

94.民国图书出版史编年：1912—1949/吴永贵编.—社会科学文献出版社.—3册

95.民国文献类编续编/民国时期文献保护中心，中国社会科学院近代史研究所编.—国家图书馆出版社.—1001册

96.民国无锡同业公会档案选编：第一辑/无锡市档案局编.—凤凰出版社.—4册.—近代工商业史缩影

97.民国无锡同业公会档案选编：第二辑/无锡市档案局编.—凤凰出版社.—3册.—近代工商业史缩影

98.民国乡村建设：晏阳初华西实验区档案编目提要/陈廷湘等编著.—西南师范大学出版社.—1册

99.民国乡村建设：晏阳初华西实验区档案选编（教育建设实验）/重庆市璧山区档案馆，四川大学中国西南文献中心编；陈廷湘等主编.—西南师范大学出版社.—3册

100.民国乡村建设：晏阳初华西实验区档案选编（人事制度及管理）/重庆市璧山区档案馆，四川大学中国西南文献中心编；陈廷湘等主编.—西南师范大学出版社.—2册

101.民国乡村建设：晏阳初华西实验区档案选编（社会调查）/重庆市璧山区档案馆，四川大学中国西南文献中心编；陈廷湘等主编.—西南师范大学出版社.—2册

102.民国乡村建设：晏阳初华西实验区档案选编（卫生建设实验与编辑宣传）/重庆市璧山区档案馆，四川大学中国西南文献中心编；陈廷湘等主编.—西南师范大学出版社.—2册

103.民国小学教材选编/《民国小学教材》编辑组编.—西南师范大学出版社.—28册

104.民国珍稀专刊汇编/郭登洁，郑晓峰编.—广陵书社.—47册

105.闽南侨批大全：第二辑/本书编委会编.—福建人民出版社.—15册

106.南京保卫战档案/中国第二历史档案馆编.—南京出版社.—8册.—南京保卫战史料与研究

107.南满洲铁道株式会社社史资料汇编/邵汉明，王建朗主编.—国家图书馆出版社.—50册.—民国文献资料丛编

108.南社丛刻/汪梦川，熊烨主编.—广陵书社.—15册

109.宁夏民国日报/南京图书馆，宁夏回族自治区图书馆编.—国家图书馆出版社.—5册

110.清末民国法政期刊汇编续编/黄洁主编.—九州出版社.—73册

111.清末民国京剧研究文献辑刊/廖生训，程鲁洁选编.—国家图书馆出版社.—20册

112.清至民国岭南杂字文献集刊/王建军主编.—广西师范大学出版社.—15册

113.衢州市博物馆等四家收藏单位、舟山市图书馆等二家收藏单位、丽水市图书馆等八家收藏单位民国时期传统装帧书籍普查登记目录/本书编委会编.—国家图书馆出版社.—1册.—浙江省民国时期传统装帧书籍普

查登记目录

114. 人文月刊/夏彪主编.—四川大学出版社.—24册.—民国珍刊汇编

115. 日伪统治时期的归绥：呼和浩特市档案局（馆）专题档案概况/朱璧主编.—广西师范大学出版社.—1册.—日伪统治归绥地区史料专题汇编

116. 厦门大学海疆剪报资料选编：第二辑（华人华侨问题专辑）/萧德洪，蒋东明编.—厦门大学出版社.—15册.—厦门大学图书馆馆藏文献丛刊

117. 上海党史资料汇编/中央上海市委党史研究室编.—上海书店出版社.—9册

118. 上海生活/上海书店出版社编.—上海书店出版社.—8册.—民国期刊集成

119. 上海史文献资料丛刊：第一辑/张剑光主编.—上海交通大学出版社.—2册

120. 上海图书馆藏赴闻集成/上海图书馆编.—凤凰出版社.—90册

121.绍兴图书馆民国时期传统装帧书籍普查登记目录/本书编委会编.—国家图书馆出版社.—2册.—浙江省民国时期传统装帧书籍普查登记目录

122. 沈阳金融博物馆藏金融档案文献汇编：第一辑/郭春修主编.—线装书局.—34册

123. 生活书店会议记录：1933—1937/上海韬奋纪念馆藏.—中华书局.—1册.—韬奋纪念馆馆藏文献丛书

124. 四部备要/陆费逵总勘.—上海书店出版社.—100册

125. 四部丛刊/张元济主编.—上海书店出版社.—500册

126. 淞沪抗战史料丛书续编III/华振中，朱伯康编.—上海科学技术文献出版社.—14册.—上海抗战与世界反法西斯战争系列丛书

127. 苏州博物馆藏近现代名人日记稿本丛刊/苏州博物馆编.—文物出版社.—39册

128. 太仓博物馆藏殷继山捐赠清末民初名人诗文手稿集/太仓博物馆编.—江苏人民出版社.—1册

129. 弢翁访书尺牍附梅泉访书尺牍/周叔弢著.—国家图书馆出版社—1册.—历代名人日记信札

130. 土默特左旗档案馆藏土默特历史档案/土默特左旗档案馆，内蒙古科技大学联合整理.—广西师范大学出版社.—15册

131.万有文库：第二辑/王云五主编；中州古籍出版社选编.—中州古籍出版社.—200册

132.伪满时期史料类编：地方卷（各市县旗情况汇览）/王志强，赵维敏主编；伪满皇宫博物院编.—线装书局.—38册

133.伪蒙疆政权时期的“巴彦塔拉盟”：呼和浩特市档案局（馆）专题档案概况/朱璧主编.—广西师范大学出版社.—1册.—日伪统治归绥地区史料专题汇编

134.1872—1949文学期刊信息总汇/刘增人等编著.—青岛出版社.—4册

135.温州市图书馆民国時期传统装帧书籍普查登记目录/本书编委会编.—国家图书馆出版社—1册.—浙江省民国时期传统装帧书籍普查登记目录

136.吴秋辉遗稿补编/吴秋辉著.—国家图书馆出版社.—3册

137.五十年来北平戏剧史材/周明泰编.—山西人民出版社.—6册.—近代散佚戏曲文献集成

138.新文学经典/鲁迅等著.—海燕出版社.—50册

139.雄安《申报》文献卷/梁松涛，魏国栋编.—北京燕山出版社.—6册.—雄安历史文化丛书

140.雄安教育史料汇编/杨学新编.—北京燕山出版社.—7册.—雄安历史文化丛书

141.雄安近代期刊卷/魏国栋，梁松涛编.—北京燕山出版社.—11册.—雄安历史文化丛书

142.雍兴实业股份有限公司档案史料选编/王建领主编.—西北大学出版社.—2册

143.永安月刊/上海书店出版社编.—上海书店出版社.—12册.—民国期刊集成

144.语丝/上海书店出版社编.—上海书店出版社.—11册.—民国期刊集成

145.岳麓书院藏杨树达手稿全编/杨树达著；陈松长整理.—湖南大学出版社.—10册

146.云南和顺旅缅华侨史料汇编/云南省腾冲市和顺图书馆.—国家图

书馆出版社.—2册.—民国文献资料丛编

147.张尔田著作集/张尔田著.—上海大学出版社.—5册.—近代学术集林

148.浙江省政府公报：一九二七—一九四九/浙江图书馆编.—国家图书馆出版社.—200册.—民国文献资料丛编

149.浙江图书馆民国时期传统装帧书籍普查登记目录/本书编委会编.—国家图书馆出版社.—5册.—浙江省民国时期传统装帧书籍普查登记目录

150.中国教会新报/林乐知主编.—南开大学出版社.—12册

151.中国教会新报/上海书店出版社编.—上海书店出版社.—10册.—民国期刊集成

152.中国近代各地小报汇刊续编：第一辑/徐健，蔡雨主编.—朝华出版社.—120册

153.中国近代工业史料汇编：东北卷/辽宁省图书馆编.—国家图书馆出版社.—50册.—民国文献资料丛编

154.中国近代文学文献丛刊：散文卷/越生文化主编.—河南人民出版社.—100册

155.中国近代文学文献丛刊：诗歌卷/越生文化主编.—河南人民出版社.—100册

156.中国近代新闻学文典/芮必峰，张毓强主编.—中国传媒大学出版社.—50册

157.中国近代医疗卫生资料汇编/余新忠选编.—国家图书馆出版社.—30册.—民国文献资料丛编

158.中国近代中医书刊联合目录/李鸿涛，张华敏主编.—学苑出版社.—2册

159.中国近现代美术期刊集成：第一辑/李超编.—上海书画出版社.—10册

160.中国乌江流域民国档案丛刊：沿河卷/汪文学主编.—贵州人民出版社.—55册

161. 中国西行文献丛书：第二辑/兰州大学敦煌学研究所，甘肃文化发展研究院编.—甘肃文化出版社.—25册

162.中国现代文学期刊目录汇编/唐沅等编.—天津人民出版社.—3册

163.“中国研究”外文旧籍汇刊·中国记录：第十辑/（美）邓赛，李国庆整理.—社会科学文献出版社.—10册

164.中山陵档案：哀思录/《中山陵档案》编委会编.—南京出版社.—2册.—金陵全书

165.中山陵档案：总理奉安实录/《中山陵档案》编委会编.—南京出版社.—1册.—金陵全书

166.中山陵档案：总理陵园管理委员会报告/《中山陵档案》编委会编.—南京出版社.—1册.—金陵全书

167.中央档案馆藏美军观察组档案汇编/中央档案馆编.—上海远东出版社.—2册

作者通信地址：上海师范大学图书馆、上海师范大学人文学院，邮编：200234。

责任编辑：王锦锦

民国文献编纂的地方实践与若干思考

——以《广州大典》（民国编）为例

刘平清*

摘　要： 文章梳理了《广州大典》（民国编）的编纂缘起，并简单回顾了新中国成立后民国文献的整理出版情况，认为学术界、出版界对民国时期特定地域文献整体进行整理编纂并付诸影印出版，还没有成熟的先例可循。基于此，提出了“全、准、精、简”四字编纂方针和专题为主、学界所需、量力而行、适时建库、分步实施的编纂原则。此外，还提出了民国文献编纂中要注意的几个问题。

关键词： 广州大典；地方文献；《广州大典》（民国编）；编纂指导方针；编纂指导原则

一、编纂缘起

《广州大典》是由广州市委宣传部、广东省文化厅策划并组织研究编纂，旨在系统搜集整理和抢救保护广州文献典籍、传播广州历史文化的大型地方文献丛书。2005年以来，在广东省立中山图书馆、中山大学图书馆、广州图书馆等单位的鼎力支持下，广州大典编辑部历经十年，完成了《广州大典》的出版。全书520册，大16开，每册800页左右，依经、史、子、集、丛分类，系统收录了1912年以前，广州人（含寓贤）著述、有关广州历史文化的著作和广州版丛书，文献计4064种。该书的出版，标志着《广州大典》一期工程基本完成。2015年4月，在广州大典编辑部基础上成立

*　刘平清（1967—　），男，广州大典研究中心常务副主任，《广州大典》副主编。

广州大典研究中心（以下简称"中心"），其职责之一是继续《广州大典》（一期）文献整理编纂研究工作[①]，包括推进本来属于一期集部、后来单独出版的《广州大典·曲类》43册；推出《广州大典总目》《〈广州大典〉概要》及《广州大典》普及书系等系列出版物；目前正积极推进中的《广州大典书志》《广州大典序跋集》等，也属于一期项目的延伸。

整理编纂民国广东文献，是中心重要的职责。《广州大典》民国广东文献，衔接一期结束的1911年底，时间范围为1912年1月1日到1949年10月14日广州解放。这可以视为《广州大典》二期工程，又称为《广州大典》（民国编）。从收录文献地域范围上说，《广州大典》（一期）涵盖清代中期广州府管辖区域[②]，二期则扩充到民国时期广东全省，包括原属广东的海南，和当时属广东行政区管辖、如今划归广西壮族自治区管理的钦州、廉州地区（不含民国时期归广西管辖的怀集县）。

民国时期，是中国社会急剧转型的重要历史阶段，政局动荡，内战与外敌入侵交织。这一时期，新旧思想、中西文化冲突碰撞激烈，中国思想文化界空前活跃，各种学说、各种思潮相互斗争、相互交融，有同台竞争，有针锋相对。民国文献作为民国历史最重要的记录载体，对其系统整理出版，不仅有利于保存文献、延长文献的生命力，更具有重要的历史价值、学术价值和现实意义。

二、前人经验

中华人民共和国成立后，自二十世纪五十年代中后期开始，在国家相关部门主导下，民国文献的调查、整理与开发就纳入了图书馆界、出版界工作范畴，主要包括编制书目索引、影印出版以及制作缩微胶片等方式。突出成果是，编纂了许多大型综合性民国文献书目，如八十年代陆续出版

① 为区别《广州大典》（民国编），这里把收录中华民国成立前文献的《广州大典》称为一期，相应地收录民国时期文献的《广州大典》就是二期。《广州大典》（二期）和《广州大典》（民国编）含义相同，只是表述有差异。

② 清代中叶广州府管辖有南海、番禺、顺德、东莞、从化、龙门、增城、新会、香山（今中山、珠海）、三水、新宁（今台山）、新安（今深圳）、清远、花县（今花都），以及香港、澳门、佛冈、赤溪。

的《民国时期总书目》《全国中文期刊联合目录（1833—1949）》等。进入二十一世纪后，各种综合性、专题性的民国文献出版物更如雨后春笋般涌现。民国文献影印出版方面，五十年代中后期革命历史文献的影印较受重视，如《新青年》《新中华报》等。改革开放后，民国文献的影印出版迎来高潮，如上海书店影印出版《民国丛书》《民国丛书续编》；大象出版社推出《民国史料丛刊》《民国史料丛刊续编》；国家图书馆出版社更是民国文献出版的主力军，先后推出"民国文献资料丛编""民国期刊分类资料汇编""对日战犯审判文献丛刊""民国日记手札丛刊"等民国专题史料。全国图书馆文献缩微复制中心（国家图书馆缩微文献部）以大型丛书《民国珍稀期刊》和《民国珍稀短刊断刊》的形式，抢救出版了近2000种民国珍稀期刊。2012年，"革命文献与民国时期文献保护计划"启动实施，国家图书馆专设民国时期文献保护工作办公室，在全国范围内开展文献整理出版项目申报立项，更多的民国文献资源得到发掘，重见天日。此外，近年来，依托各级图书馆，以及中国社科院近代史研究所等研究机构和民间机构，大量以民国文献为主的数据库得以推出。著名的如国家图书馆出版社的"中国历史文献总库"（民国文献部分包括"民国图书数据库""近代报纸数据库""近代期刊数据库"三个子库），中国社会科学院等单位合作筹建的"抗日战争与近代中日关系文献数据平台"，重庆图书馆的"民国文献全文数据库"，北京时代瀚堂科技有限公司的"民国文献大全数据库"，北京瀚文典藏文化有限公司的"瀚文民国书库"，北京尚品大成数据技术有限公司的"大成故纸堆数据库"，古联（北京）数字传媒科技有限公司 的"晚清民国文献平台"，上海图书馆的"晚清及民国时期期刊全文数据库（1833~1949）"等。

纵观目前民国文献的整理出版，多集中于某个专题性或某收藏机构的民国文献。聚焦民国时期特定地域的文献，整体进行编纂并影印出版，还没有过先例[①]。《广州大典》（民国编）区别于其他民国专题文献整理的地方，

---

① 类似的如《民国浙江史料辑刊：第一辑》（全十册）、《民国浙江史料辑刊：第二辑》（全四十四册）分别由国家图书馆出版社2008、2009年推出，由民国浙江史研究中心、杭州师范大学选编。但这只是就特定区域某一类别文献的编纂，而非对特定区域整体民国文献的整理。

就是整体上、全方位编纂民国时期岭南文献[①]。这套文献，当然首先是民国时期的文献，但同时也有鲜明的地方文献特色。为推进项目的实施，2015年，广州市委宣传部、广州市社科联以委托课题的方式，委托相关专家学者成立课题组，开展“民国时期广东文献的收集、整理及出版”研究。该课题为广州市哲学社会科学发展“十三五”规划重点委托课题，课题组成员主要由中山大学图书馆、广东省立中山图书馆相关负责人和专家构成。

根据课题组提交的出版可行性报告，项目组将民国时期广东文献的收录范围界定为1911年辛亥革命以后至1949年9月止[②]。在文献类型方面，课题组主要选取图书、期刊、报纸三种进行调研。调查结果表明，符合收录范围的以上三种文献分别是12666、4445、961种。在出版可行性方面，项目组建议，《广州大典》民国文献的编纂工作，可以按照“先易后难，先简后繁”的原则，以有关广州地区的政治、经济、文化、军事、历史、地理和科技等方面的3400种左右的图书为主，按照《中国图书馆分类法》类目编排，先行出版。根据课题组提供的相关书目，2016年底，中心拟定了《广州大典》民国时期岭南文献（第一阶段）底本征集工作方案。为配合方案的实施，中共广东省委宣传部和广东省文化厅专门发文《关于支持〈广州大典·民国时期岭南文献〉编纂出版工作的通知》（粤宣通〔2017〕9号），要求省内各相关文献收藏机构支持大典中心，进行文献的征集。

这一阶段《广州大典》（民国编）的编纂，按照方案，除了编排方式与一期经、史、子、集、丛的分类有所不同外，编纂整理思路仍然是延续一期模式。甚至征集方式都与一期相似：依托广东省立中山图书馆和中山大学图书馆丰富的馆藏，以此为文献最核心最主要的基础。其他部分，各省图书馆收藏的文献，委托省立中山图书馆征集；国内大学图书馆和海外机构收藏部分，由中山大学图书馆负责征集；地市县图书馆收藏部分由广州图书馆负责征集。

这一模式在现实中无法运行。首先，民国文献纸张质量先天不足，普

① 详见中共广东省委宣传部和广东省文化厅《关于支持〈广州大典·民国时期岭南文献〉编纂出版工作的通知》（粤宣通〔2017〕9号）。

② 项目组把三种文献纳入民国广东文献搜集范围：1.广东人（祖籍或出生地为广东者）及寓居广东的名人著述；2.与广东有关的文献；3.广东出版机构刊行的文献。

遍出现严重老化或损毁现象，泛黄、脆化，有的一触即碎，有的甚至已经碎成纸屑。作为保存民国广东地方文献最多的两家单位，广东省立中山图书馆和中山大学图书馆地处南方，受潮湿天气影响，民国文献保存的状况比其他地区更差。课题组对中山大学图书馆馆藏民国文献抽样调查表明，纸张普遍泛黄，书脊均有不同程度的破损；在纸张柔韧性方面，超过一半图书纸张脆化，其中三分之一属于严重脆化，翻动会出现破损掉渣的情况。采用书钉形式的民国平装书占近四分之一，民国线装书占四分之三。书钉装帧的图书，近一半出现订书钉锈蚀现象。此外，近一半的图书有较大幅度的折角、书页卷曲或折角脆化，扫描前要展平，可能导致书页碎化掉渣；近一半的文献存在不同程度的虫蛀或霉变的情况。根据调查结果推断，中山大学图书馆藏民国广东文献约有70%不适合进行数字化扫描，否则将会对文献造成二次伤害。省立中山图书馆民国文献大致情况也是这样。也就是说，《广州大典》（二期）不可能继续走一期主要依靠以上二馆文献的老路。

其次，《广州大典》（一期）编撰时，在时任广东省文化厅主要领导支持下，广州市委宣传部抽调广东省立中山图书馆、广州图书馆、广州出版社、广州市方志办等相关部门工作人员，组成临时编辑部，由广州市委宣传部出资，委托广东省立中山图书馆和中山大学图书馆、广州图书馆承担相关文献的征集工作。而新设立的广州大典研究中心和广州图书馆合署办公，人员编制、干部职数、经费、业务独立运作，因此不可能复制一期委托征集的模式。

三、探索前行

基于上述情况，中心把进一步排查与征集民国文献的目光投向国内重要的民国文献出版与收藏机构，先后赴国家图书馆出版社、商务印书馆、社会科学文献出版社、中华书局等出版单位，国家图书馆、南京图书馆、上海图书馆、重庆图书馆、复旦大学图书馆、中国社科院近代史研究所以及广东省委党史研究室、广州市委党史研究室、中国第二历史档案馆、广东省档案馆、广州市档案馆以及省内部分地区图书馆、档案馆等机构，广泛摸查上述机构关于民国广东文献的基本情况。此外中心也和多家商业民国文献数据库联系沟通，在课题组提供的民国广东文献书目基础上，更全面地调研各相关机构、数据库收藏保存的民国广东文献，特别是其数字化情况。调研文献类型也不仅限于图书、期刊和报纸，举凡民国时期与广东有关的非正式出版的日记、传单、民间文书、票据、信札、档案、传单、大学学生毕业论文以及老照片、唱片、海报、影像、舆图等，都纳入调研的视野。

根据初步摸查结果发现，近代以来，以大机器为主的新式印刷设备从西方的传入、新式出版机构的兴起、近代教育的兴盛的直接产物就是大批量的知识生产者和知识消费群体的涌现，知识文化的普及导致近代以来文献生产消费出现井喷现象。即或经过几十年的风风雨雨，保存至今的民国文献，哪怕仅仅只是广东民国文献，也是浩如烟海。在多次前往北京等地相关单位进行调研并听取各方面意见后，中心总结提出了“文献收集要全，整理重点要准，材料选择要精，编纂出版要简”的“全、准、精、简”四字方针。即在文献征集和数字化工作中，要力求全面，包罗万象，而不是单纯限于图书、期刊等所谓的正式出版物；整理工作的重点则要聚焦能准确反映时代的政治、经济、文化和社会发展脉络的文献；进行文献加工时，材料选择要求精当；在编纂出版整理成果时，则要求删繁就简。

四、编纂原则

2017年初，文化部原副部长、国家图书馆原馆长周和平同志到中心考察工作。在听取中心有关民国文献编纂出版情况的汇报后，他认为，广州作为民主革命的策源地，也是第一次国共合作时期国共两党活动的大本营，可以以《广州大典·第一次国共合作广东文献汇编》(以下简称《汇编》)为主题，整理相关的文献出版。在国家图书馆民国时期文献保护工作办公室的大力支持下，该项目纳入2017年民国时期文献整理出版计划。

这其实是专题化、主题化的整理思路，也是民国文献编纂整理出版普遍采取的做法。这种编纂思路，对中心来说是一个巨大的挑战。一般来说，某个专题文献的整理出版，一种情况是某个收藏机构如图书馆、档案馆，收藏有某类专门文献，组织专班人员进行整理编纂，这是从原有(已收藏)

到新有（新影印出版或者整理出版），化一为千。一种情况是如大学或某个研究机构，有某个领域的学术带头人，对相关文献有深入的研究，带领团队开展相关专题文献的大范围搜寻，予以汇总出版。这是建立在一定的学术背景渊源与经年累月长期积累基础上的整理编纂。中心不具备以上两种条件。我们只能干中学，学中干：研读第一次国共合作相关研究专著，登门拜访请教国内该领域权威研究专家；组织专门队伍，参观调研广州地区与第一次国共合作相关的博物馆、纪念馆，如中共三大会址纪念馆、国民党一大旧址纪念馆、省港大罢工纪念馆、中华全国总工会旧址纪念馆、孙中山大元帅府纪念馆、毛泽东同志主办农民运动讲习所旧址纪念馆、广东辛亥革命纪念馆、广州起义纪念馆等；多次召集上述机构负责人和广州地区民国史研究专家举行座谈会；以课题方式，委托专家搜索这一时期报纸中有关第一次国共合作报道的线索。通过上述方式，一步步查找文献线索，一点点丰富基本书目（书籍、期刊、报纸、档案等）。之后，根据我们的目录，委托中标的出版社在国内外相关机构代行征集相关文献。《汇编》将采用全文影印的方式进行出版，按照图书、期刊、报纸、档案四部分进行分类。其中，期刊部分按照资料相关程度分为全文收录和析出收录两种方式；报纸刊登的与第一次国共合作相关的报道，采用篇目析出的方式进行影印出版。《汇编》拟分为两部分，第一部分集中收集、整理、编排、出版图书类资料和适合全文影印的期刊资料；第二部分集中收集、整理、编排、出版适合析出影印的期刊资料、报纸资料和档案资料。预计全书整体规模70册左右，采用16开本，计划于2023年完成出版工作。

在此期间，按照专题化整理出版思路，中心安排人员对民国时期广东的公报、年鉴等文献进行摸底。结果发现，这同样是一座资源富矿。在此之前，广东省立中山图书馆联合广东省档案馆等单位，依托丰富的馆藏资源，影印出版《广东省政府公报》、《广州市市政公报》（即将出版）。除这两种出版持续时间长、文献规模比较大的政府公报外，民国时期广东公报刊物种类繁多、规模宏富，广东省政府、各下属道（区、市、绥靖公署、督察区等）、县级政府及其相关机构均有相当数量的公报文献发行。除了典型的直接以“公报”为题名的文献外，还有大量的工作报告、工作通讯、施政计划、政策纲领等，无论是从文献的发行主体还是具体内容来讲，都符合政府“公报”的概念范畴。公报作为政府出版物，不同于普通的民国图书或报刊，其发行量很少。民国时期因长期战乱，有所存藏者也因政府机构更迭频繁而损失严重，保存情况不容乐观。这些文献目前基本上仅在档案馆及部分图书馆和少数博物馆有所收藏，且收藏均不完备，个别刊物甚至是孤本，再加之散藏于各地，读者难以兼顾，查询不便，严重制约了学界对其的利用。从文献保护、文献研究和文化传承的角度来看，影印出版民国时期的广东公报价值极大。经过多方面论证，中心决定推出《广州大典·民国广东公报丛编》。目前，初编100册已由国家图书馆出版社出版。二编规划100册。完全实施后，收录的民国广东公报总计在300种以上。

类似的情况还有《广州大典·中国第二历史档案馆藏民国广东档案文献选编》的编纂工作。2018年12月，笔者率中心成员第一次前往中国第二历史档案馆（以下简称“二档”）进行调研。调研之后通过委托课题的方式，请当地学者摸查二档保存的与广东有关的档案文献，共整理民国时期广东档案文献目录6600余份，第一次国共合作广东档案文献目录200余份，初步统计有40余万页。上述文献为二档目前已经完成数字化部分的档案目录。2020年10月，笔者和中心成员再次到访二档馆，在此了解到，中国第二历史档案馆馆藏资源丰富，目前开发的资源（对外公布的目录）仅占所藏资源的40%。该馆收藏的民国广东档案，未数字化部分有待进一步梳理。在调研中我们得知，每天都有来自全国研究民国史的学者、研究生到该馆查档，寒暑假尤其多。这给使用者带来很大的经济困扰，加上开放条件的限制，也影响了这批档案的使用。中心多次与二档有关方面进行沟通，决定合作编纂出版《广州大典·中国第二历史档案馆藏民国广东档案文献选编》。选编同样分两步走，先出版初编，后推出二编，整体规模也按照200册、16开规划。目前已完成初编的招投标等程序，正在积极准备出版前期各项工作。

如果说“全、准、精、简”四字是中心进行民国广东文献编纂的指导方针的话，随着对文献的深入了解，中心又总结了文献编纂出版的指导原则，概括起来就是：专题为主、学界所需、量力而行、适时建库、分步实施。

专题为主原则，上面已展开论述。学界所需原则，是说收录入《广州大典》（二期）的文献，相对而言，要注重满足学界的需求，注重文献的稀缺性。必须指出的是，近十年来，民国文献的影印出版、整理出版和各类数据库文献，数量非常庞大。由于不同主题的需要，文献难免有交叉现象，这就会带来重复出版的问题。以《广州大典·第一次国共合作广东文献汇编》为例，黄埔军校是第一次国共合作的重要产物，其文献是其中重要组成部分。黄埔军校文献史料，省立中山图书馆收藏丰富，该馆目前已先后整理出版专题性质的《黄埔军校史料》（广东人民出版社，1982年）、《黄埔军校史料续篇》（广东人民出版社，1994年）、《黄埔军校史料汇编》（第1、2、3、4辑）（广东教育出版社，2012—2014年）等。如果《汇编》继续收录这部分文献，将导致出版资源的浪费，对此我们采取存目的方式处理，同时尽可能收录上述出版物没有收录的新发现的其他黄埔军校史料。再如报纸析出。《申报》是近代中国最重要的报纸之一，考虑到它已数字化，另外还出版了《申报·索引》，研究者使用方便，《汇编》就舍弃《申报》有关第一次国共合作报道，把目标锁定那些外界相对而言了解较少，或者接触较少的报纸，如《岭东民国日报》《四邑公报》相关报道，还有域外出版的《金山时报》对第一次国共合作的报道。

量力而行原则。《广州大典》（一期）收录文献的指导原则是应收尽收，甚至个别有特殊价值者，多个版本并收。相对而言古代文献数量有限，这样处理是合适的，但民国文献就无法这样。首先是财力的投入，受制于政府预算的划拨。其次，即或是财力充沛，还要考虑是否有能力征集到。中心编纂文献，走的是化“无”为“有”之路。也就是说，通过研究，提出基本书目，同步摸清文献收藏情况。所需文献，基本上保存在公藏机构，由于是扫描影印，各地各公藏机构的态度认识并不一致，有些单位积极性不高。再次还要受制于人力问题。大典中心15个编制，成立以来，一直是10人左右在岗，其中还要安排专人负责行政，一期相关工作也要有人承担，从事民国文献整理的也就5人左右。他们多是高校毕业的博士、硕士，面临评职称、写论文等实际压力。文献调研、文献评析和文献征集，乃至出版环节中的编排程序、编例的撰写等等，都非常耗时；目前职称评审体制，文献编纂又不能完全视为学术成果。因此，必须要预留一定时间给他们从事研究。否则，久而久之，大典研究中心也名不副实，是“编纂中心”而非“研究中心”。

适时建库原则。“民国时期广东文献的收集整理及出版可行性报告”课题组曾建议,《广州大典》民国文献编纂工作，应充分利用现有的民国文献数字化成果或新影印成果，从中征集相关广东民国文献。近年来，大典中心根据课题组提交的相关书目，多方联系，先后向国内多家收藏民国文献多的机构以及中山大学图书馆、华南农业大学农业历史遗产研究所、广州中医药大学图书馆等洽谈购买所需文献数字版，整体数量已达到13000余种[①]。经过研判发现，这些文献，基本上属于目前各类数据库可以查询到的学术资源。如果按照图书馆分类法整理出版，也未尝不可。但整体上看，其史料价值要远远超过其学术价值。民国文献学术价值大的，改革开放40年来，基本上要么都已整理出版，要么已影印出版，要么已收录在各种数据库。基于此，中心决定，这部分文献更适合在恰当时候，与中心其他影印出版的纸质文献数据一起，建立一个范围更大的民国广东文献数据库，供读者使用。

至于分步实施原则很好理解，这里不再展开论述。

五、未解难题

以上编纂指导方针与编纂指导原则的确立，并不意味着解决了所有民国广东文献整理编纂面临的问题。民国广东文献属于地方文献。广东文献的概念及范围，著名图书馆学家杜定友认为，地方文献应该包括史料、人物、出版三部分[②]。骆伟先生在其《广东文献综录》中认为，粤人（祖籍、寄籍或示籍广东者）著作，记载广东事务的文献以及广东刊行的文献等都属于广东地方文献[③]。乔好勤先生提出界定地方文献的几个基本原则：1.区域性原则，首先遵循地理区域原则；2.内容原则，凡在内容上涉及这一地域的文献均可纳入；3.出生地原则和户籍原则，以出生地和户籍为参考的地方人士著述及流寓名人著述应纳入；4.出版地原则，出版者、出版地及

---

① 除民国广东书籍外,还有280多种民国广东期刊。另外还包括从广州市委党史办征集到的文献,种类比较繁杂,以及从一民间数据库购买的民国广东高校毕业论文电子数据等。

② 杜定友:《地方文献的搜集整理与使用》,杜定友著,广东省立中山图书馆、中山大学图书馆编:《杜定友文集》第21册,广东教育出版社,2012年,第582页。

③ 骆伟主编:《广东文献综录》,中山大学出版社,2000年,第5页。

其产品都具有地方性和历史资料性[①]。上述论述，基本上适应古代地方文献的搜集。其中最没有分歧的就是有关地方的记载的文献，不论出版地、作者出生地和户籍等。对于民国广东文献整理而言，几个问题绕不开：

1.寓贤著作问题。广东在中国近代史上的几个时期特别重要。一是辛亥革命前后，二是中华民国成立后的护法运动时期，三是第一次国共合作时期。特别是第一次国共合作时期，各路政客、学者名流，翩然南下，云集广州。国共两党几乎所有的高层，鲁迅、郭沫若、郁达夫、傅斯年、顾颉刚等著名作家学者等，无不在广州留下文字印痕。陈济棠主政广东时期，政局比较稳定，创办的各类高校、中等学校以及文教机构比较多，也吸引了一批外地学者。除上述时期外，1937年7月全面抗战爆发，到1938年10月广州沦陷前，由于广州毗邻港澳，远离主战场，时局相对稳定，来自上海、北京、南京等地的出版社、书局纷纷南迁，进驻广州，文人学者和新闻工作者也大批涌入岭南，著名的有巴金、夏衍等。这些知名人士在广州都留下了相应的文章、著作。如果仍然用传统的寓贤标准，收录他们相关的文献，是否有此必要？一是要做大量的专题研究，才能考证出以上时期到底哪些外地人在广州留下著作；二是知名学者各种文集、全集纷纷出版，继续影印出版价值何在？这不能不引发我们的思考。近代以来，相对于农耕社会，中国已经进入人员高流动时期。传统社会，仕宦、幕僚、经商是三大寓贤来历。近代社会催生了众多新机构，特别是文教事业的兴起，包括传教、医院、学校、公共图书馆、博物馆、研究机构以及各种社团等，新的知识阶层的流动更频繁——有些层面甚至超过今天的流动频率。在此背景下，是否继续沿用传统的寓贤概念？

2.广东人著述问题。广东人著述当然是民国广东文献重要组成部分。明清以来，特别是近代以来，岭南大地腾蛟起凤，硕彦辈出，广东籍或者祖籍广东的名人名流，不可胜数。他们中有不少叱咤风云的人物，通过自己的著述，对中国历史进程产生了深远的影响。最著名的莫过于康、梁和孙中山。以孙中山为例，生前逝后，哪怕以民国时期为界，他本人署名或经他人编选出版的各种著作，车载斗量，数不胜数；同一著作，还有不同版本、不同语种。是否一定要以影印的方式，都收录《广州大典》(民国

---

① 乔好勤主编:《岭南文献史》,华中科技大学出版社,2011年,第6—11页。

编）中？恐怕未必。学界名流以“二陈”之一的陈垣为例，他是广东新会人，史学大家，著述等身，其著作基本上被搜集出版于《陈垣全集》中，这些文献又如何处理？再如民国出版大家王云五，祖籍中山，上海出生，在家乡短暂度过童年岁月，民国时期主要活动在上海和重庆。他长期担任商务印书馆的掌门人，主编、编辑书籍无数，后被收入《王云五全集》中。同样的例子还有叶恭绰等大家，这类祖籍广东的人士著作如何处理，也颇费思量。

3.报纸期刊问题。这些文献，保存状况更差，当然值得抢救性影印出版。但征集难度相当大，而且许多都是有目无物，特别是粤东、西、北地区民国时期的报刊，留存的更少。抗战时期，曲江成为广东战时政治和文化出版中心，出版物更多。但要搜集整理远非易事。期刊影印排版处理还好，报纸影印都要压缩版面，阅读效果并不好。此外，散落在岭南的民间文书、广东民国年间出版的线装书，如何收录影印？都要做专题研究。

几乎《广州大典》（二期）一起步，就有专家呼吁，先明确编例。实践证明，除了时间概念和地域概念明确外，上述文献的收录标准都有商榷之处。事实上，即或是《广州大典·第一次国共合作广东文献汇编》的编例，因为收录的文献种类不同，书籍、期刊和报纸都有不同的编例。

为加强对大典研究中心工作的指导，中心延续编辑部时期的做法，邀请专家成立编纂委员会和学术委员会（简称“两委会”）。两委会不定期举行会议，主要是对中心开展的工作提供一些参考性、指导性的建议。从近5年来召开的两委会来看，许多专家针对中心的民国文献编纂提出了很多指导性的宝贵意见，但同时也对中心民国文献的编纂提出了可能超越中心实际能力的建议。比如有专家认为，中心的目标定位应突出粤港澳大湾区文化认同作用，围绕重点人物和事件，进一步阐释广州之于粤港澳大湾区的文化作用；有专家认为中心应该加强粤港澳大湾区交往文献、红色文献和海外文献的收集编纂工作；有专家建议中心要推进红色文献的整理研究工作，比如革命家书、诗文等红色文献的整理出版工作。粤港澳大湾区建设和红色文献的整理都能契合新时代的要求，也是当前社会关注的热点。上述文献的编纂意义当然很重大，非常有必要，但远非目前的大典中心所能承担[①]。任何有意义的事，都要考虑其可行性。因此，《广州大典》（民国编）必须有所为有所不为，在现有的编纂指导方针和编纂指导原则的基础上，综合考虑，予以实施。

作者通信地址：广东省广州市天河区珠江东路4号广州图书馆南8楼广州大典研究中心，邮编：510623。

责任编辑：王晓

① 类似的例子还有，此前广州市社科联和大典中心联合出资数十万，请中山大学口岸研究中心团队进行“法国等五国藏与广州相关文献调查研究”和“美国藏与广州相关文献调查研究”。调查的结果表明，文献数量非常庞大，除英语外，还涉及瑞典语、丹麦语、葡萄牙语、西班牙语、德语、法语。这批文献对研究广州作为古代海上丝绸之路重要节点，特别是鸦片战争前作为全国唯一的通商口岸所发挥的作用，对今天的海上丝绸之路的研究推进都很有价值。但无论是文献的征集，还是后期的整理都远远超过大典中心的能力。

按语：新版《民国时期图书总目》自2018年出版“哲学”卷后，又陆续出版了“社会科学总论”“自然科学（基础科学）”“农业科学”“宗教”等卷，所收书目数据较20世纪80年代开始编纂的《民国时期总书目》有较大幅度的增长，其编纂原则、著录细则等诸多问题也需要进行系统的总结。本文作者以“中国文学卷”为例，在实操层面进行了细致的梳理，让我们得以窥见《民国时期图书总目》的编纂过程和细节处理，对民国时期图书目录的编纂有参考意义，对我们使用该目录亦有一定的启发意义。因此，本刊将该文刊出，以飨读者。

民国图书目录编纂的思考

——以《民国时期图书总目·中国文学卷》为例

朱青青*

摘　要：本文介绍《民国时期图书总目·中国文学卷》概况，梳理其在查重、文字转换、版本逻辑、出版发行地、分类标引、装帧形式等方面存在的诸多问题。在此基础上，总结《民国时期图书总目》编纂的经验与教训，建议民国编目工作应重视作品层信息的描述与检索、加强规范文档的建设、辩证运用现行规则、提升主题编目质量、强化专题培训和优化队伍建设。

关键词：民国文献编目；《民国时期图书总目》；中国文学；书目编纂

民国时期是社会剧烈动荡和内忧外患并存的时期，是西学东渐和中西文化碰撞、学术高度活跃发展的时期。民国文献能够在一定程度上反映这一时期我国政治、经济、文化、思想的概貌，具有重要的史料价值与学术价值。据不完全统计，民国时期出版的书籍种类超过二十万种，含有大量

*　朱青青（1982—　），女，国家图书馆中文采编部书目数据组组长，研究馆员。

学术珍品和艺术珍品。民国时期也是我国书籍出版基本完成由传统出版方式过渡到现代出版方式的时期[①]。民国书目对我们了解民国时期文献的特点、出版特色、出版规模等，都有重要的资料价值。

文献编目的成果是形成目录。民国文献编目关乎整个民国目录体系的建设，也进一步影响民国文献资源的开发与利用。民国文献编目是按照一定的规范与原则，对这一历史时期文献的形式和内容特征予以描述与记录，以便文献的检索与利用。较现代文献编目而言，民国文献因其历史载体的特殊性与出版上承上启下的过渡性，在回溯编目上难度更大。近些年来，关于民国文献编目问题，陆续有业界同人开展了相关研究。有研究者认为，民国图书回溯编目是一项数量大、时间长、烦琐费时但又科学精细的工作，并就提高民国图书回溯编目数据质量提出四点对策：总结经验，加强领导；提高认识，加强培训；遵照标准，制定规则；提高编目人员自身素质[②]。

在数据查重方面，有研究者认为民国时期的图书由于当时没有类似ISBN或统一书号等标识符，同题名同著者出版物较多，数据的去重整理工作难度较大。加之图书馆编目水平良莠不齐，民国数据制作水平不高，提交的数据与规范要求相去甚远，导致民国数据查重困难、整理工作难度大[③]。另有研究者认为，在回溯整理民国文献时，要根据现有民国文献实体提供的有限信息采取有效的方法和尽可能多的手段，判断在目标数据库中是否有与当前记录（或文献）相同或相似的记录（或文献）[④]。

在著录方面，有研究者依据现行的编目规则和著录标准，结合民国图书出版发行的历史特征，从著录用文字、版本、价格、出版发行等方面，对民国图书规范著录过程中出现的问题进行分析并提出解决方案[⑤]。在具体著录项方面，有研究者就民国图书出版发行项的著录问题作出探讨，指出

① 张铁:《从版本学视角谈民国文献的保护》,《图书馆建设》2010年第5期,第22—25页。

② 施小林:《试论图书馆民国图书回溯编目工作》,《四川图书馆学报》2009年第2期,第46—49页。

③ 李婧:《民国文献普查工作实践与研究》,《新世纪图书馆》2016年第6期,第17—20页。

④ 孙春玲:《民国文献编目探讨——以广西桂林图书馆为例》,《桂林师范高等专科学校学报》2019年第5期,第147—149页。

⑤ 谢英:《民国图书著录方法探讨》,《图书馆研究》2018年第2期,第1—5页。

民国图书出版发行信息记载不规范，使CNMARC 210字段的著录成为民国图书书目数据制作的难点[①]。在标引方面，有研究者结合民国图书编目数据的标引实例，选取几类主题标引误差较大的民国图书，总结提高民国图书主题标引的正确率和效率的标引方法[②]。

《民国时期图书总目》作为收集、整理民国时期图书的大型工具书，能全面反映“革命文献与民国时期文献保护计划”在全国范围内的普查结果。大型回溯性书目的编纂是艰辛而漫长的工作。与以往的研究相比，本文不局限于就民国文献编目某个点或某个方面问题的阐述，而是涵盖了民国文献编目工作的多个方面，并通过更为丰富的编目实例介绍，注重民国书目数据制作的实操意义。同时，从书目编纂的角度，以“中国文学卷”为例，对《民国时期图书总目》编纂过程中遇到的种种复杂情况加以阐明，将编纂工作中积累的解决现实问题、疑难问题的方法和注意事项加以总结概括，这不仅有助于我们厘清民国文献复杂的原貌，也有助于我们更好地使用它，为后续书目编纂吸取经验与教训，提供更多有益的借鉴。

一、《民国时期图书总目·中国文学卷》概况

2015年2月，《民国时期图书总目》编纂工作正式启动，力争全面揭示“革命文献与民国时期文献保护计划”普查成果，提供社会各界使用[③]。《民国时期图书总目》收录的图书信息项目包括九个：顺序号（条目顺序编号）、题名（包括正题名、副题名、交替题名以及合订题名等）、责任者（包括著者、撰者、编者、点校者等主要责任者和次要责任者）、版本（版次、附加版本说明）、出版发行（出版或发行地、出版或发行者、出版或发行年月）、形态细节（册数、页数、开本、装帧形式）、丛书（丛书题名、编号）、提要及附加说明（包括图书的内容提要、题名及责任者

---

① 李丽芳、宋晶晶：《民国图书出版发行信息的格式著录》，《国家图书馆学刊》2013年第5期，第74—77页。

② 蔡益群：《民国图书分析与主题标引方法》，《图书馆杂志》2018年第5期，第58—61页。

③ 国家图书馆编：《民国时期图书总目·哲学》出版说明，国家图书馆出版社，2018年。

的补充说明、适用范围以及其他著录内容的补充说明）、馆藏标记（收藏单位）。

其中，“中国文学卷”系统梳理我国古典文学丰富灿烂的文化遗产和五四至新中国成立之前的中国现代文学作品的书目，包含《诗经》、《楚辞》、汉赋、唐诗、宋词、元曲、明清小说等中国文学的瑰丽华章，以及一大批新文学作家的优秀作品。作为《民国时期图书总目》十八卷之一，“中国文学卷”汇集了4万余条书目数据，涵盖大量的名家名作，涉及大量的人名、题名、地名等规范文档，是文学类专题书目的一次大规模结集。

二、“中国文学卷”书目数据存在的问题

由于各收藏单位的编目基础和方式不同，提交的基础书目数据标准不统一。民国书目因著录信息的不规范、不完备，分类标引信息存在缺漏、不准确的情况，给后续编纂、整理工作带来了诸多困难。笔者在从事书目整理编纂过程中，发现如下突出问题：

1.重复数据多

无论是在民国书目还是现代书目中，重复数据都是一个无法避免的问题。数据重复上传的根本原因是数据的一致性问题，因数据描述的不一致而造成机器判重失效。这也是一个老生常谈的问题。大量重复数据的核查，可能造成事倍功半的遗憾。笔者以“中国文学卷”书目为例，列举若干因著录格式不一致导致的重复数据。

（1）各种数据元素著录位置不一致

在题名选取时，因各种附加成分的著录位置不一致，造成大量的重复数据，比如“激流之一”“抗战三部曲”等信息是著录在200$e、225丛编还是著录在附注项的问题。此外，题名中有不少“全部”“全本”“足本”“重订”“绣像”“简编”字样信息著录位置不一致。剧本数据中有大量交替题名，这些交替题名通常出现在卷端或目录页，并非出现在题名页、版权页等规定信息源上，是否有必要作为交替题名来处理，编目机构之间尚未形成统一意见。举例如下：

家 / 巴金著
重庆：开明书店，1941，21版，497页，32开（激流 1）
馆藏机构：国家图书馆

家（激流之一）/ 巴金著
上海：开明书店，1941.8，21版，497页，32开
馆藏机构：上海图书馆

元诗别裁 /（清）张景星选
上海：商务印书馆，1939.12，138页，25开（万有文库 第1、2集简编500种319）（国学基本丛书）
馆藏机构：江西图书馆

元诗别裁（简编）/（清）张景星选
长沙：商务印书馆，1939.12，138页，32开（万有文库 第一二集 国学基本丛书 王云五编）
馆藏机构：上海图书馆

空城计（全部 失街亭、斩马谡 谭派秘本）/ 卢继影校订
上海：罗汉出版社，13页，36开
馆藏机构：国家图书馆

全部空城计（又名，失街亭，又名，斩马谡）（名伶秘本 谭派秘本）/ 卢继影校订
[上海]：罗汉出版社，13页，32开
馆藏机构：上海图书馆

（2）著录信息源选取不一致造成重复数据

著录信息源是现代编目工作的一个重要概念，是选择著录信息的依据。有时信息源不止一处，尤其是当在编文献的不同位置对同一文献特征的记载出现差异时，为尽量避免因信息源选取差异而造成著录差异，缩小实践操作

时的分歧，需要解决信息源的选取问题。明确统一的信息源是著录信息准确性与一致性的保障，有利于促进文献编目的标准化与规范化，达到书目共建共享的目的。著录工作虽然关注信息源的选取，但编目工作并不是以信息源内信息的转录为最终目录。因为对大多数用户来说并不需要了解著录信息究竟出自何处，其所需要的是根据书目提供的信息选择适合自己需要的文献。

民国书目中有不少因信息源选取不同而导致的重复数据，举例如下：

在延安文艺座谈会上的讲话 / 毛泽东著
延边出版社，1946，32页，32开
馆藏机构：吉林省图书馆
（正题名取自题名页、版权页）

毛泽东同志在延安文艺座谈会上的讲话 / 毛泽东著
延吉：延边出版社，1946，32页，32开
馆藏机构：国家图书馆
（正题名取自封面）

小英雄传（新式标点）/ 袁韬壶标点　潘公昭校阅
上海：大达图书供应社，1934.3，再版，204页，32开（历史长篇说部）
本书共58回。封面题名：说唐小英雄。
馆藏机构：国家图书馆

说唐小英雄（新式标点）/ 袁韬壶标点　潘公昭校阅
上海：大达图书供应社，1934.3，再版，204页，32开（历史长篇说部）
本书共58回。逐页、卷端、版权页题名：小英雄传。
馆藏机构：上海图书馆

（3）出版发行者选择不同造成重复数据

民国图书出版者和发行者在规定信息源上同时出现的现象非常普遍。

此外，同时载有个人发行者与团体发行所的现象也屡见不鲜。一般情况下，编目机构会首选出版者著录在210$c子字段，但不同机构的数据因出版、发行信息选取的不一致，造成的重复数据也比比皆是。比如国立编译馆与正中书局经常成对出现，国立编译馆是出版者，正中书局会在版权页和封面等位置作为发行者或印行者出现。

收复两京 / 徐筱汀编
重庆：国立编译馆，1944，84页，32开（新编平剧丛刊）
馆藏机构：重庆图书馆

收复两京 / 徐筱汀编
重庆：正中书局，1944.12，84页，32开（新编平剧丛刊）
馆藏机构：国家图书馆

黄山谷刀笔 / 黄庭坚著 朱太忙标点
上海：大达图书供应社，1936.1，194页，32开
馆藏机构：国家图书馆
（210$c著录出版者）

黄山谷刀笔 / 黄庭坚著 朱太忙标点
上海：广益书局，1936.1，194页，32开
馆藏机构：绍兴图书馆
（210$c著录发行者）

（4）出版发行地著录不一致造成重复数据

民国时期图书不标明出版发行地的现象较为普遍，或在版权页上印有多个与出版发行相关的地名。抗战时期社会动荡，很多发行所和发行地不固定，特别是1938—1946年之间变迁较大[①]。由于编目机构对出版发行地的

---

① 朱青青：《新版民国总书目编制研究》，《中国图书馆学会年会论文集（2020年卷）》，国家图书馆出版社，2020年，第467—652页。

变迁沿革不甚了解，因出版发行地著录不同而造成较多的重复数据。

浅见集 / 韩侍桁著
昆明：中华书局，1939.12，184 页，32 开（现代文学丛刊）
上海：中华书局，1939.12，184 页，32 开（现代文学丛刊）

诗法通微 / 徐英著
上海：正中书局，1943.12，260 页，25 开
重庆：正中书局，1943.12，260 页，25 开
上海：正中书局，1946.5，沪 1 版，260 页，25 开
重庆：正中书局，1946.5，沪 1 版，260 页，25 开
上海：正中书局，1948.8，沪 2 版，260 页，25 开

中国文学欣赏举隅 / 傅庚生著
上海：开明书店，1943，241 页，32 开（开明青年丛书）
重庆：开明书店，1943.9，[15] +241 页，32 开
重庆：开明书店，1945，再版，[15] +241 页，32 开
桂林：开明书店，1945.9，再版，241 页，32 开（开明青年丛书）

2. 繁简字、异体字、新旧字的转换问题

繁简字、异体字、新旧字形字的处理是民国书目中常见的问题，是旧籍整理与回溯书目中绕不过去的一道坎。对于异体字的处理方式，目前编纂人员只能依靠《通用规范汉字表》进行转换，但仍存在许多问题。《民国时期图书总目》中，题名与责任者中异体字出现的频率较高，有的机构采取客观著录，有的机构选用简体字代替。混乱时可谓五花八门，甚至人自为法，或干脆全盘照录，以致争议与错误不断。如“沈”是“沉”的本字，将《春风沉醉的晚上》著录为《春风沈醉的晚上》。“弔”同“吊”，《借女吊孝》著录为《借女弔孝》。比如，“盦”“菴”，同“庵”字，在题名与责任者中出现，到底是客观著录还是统一转换为“庵”，难以统一。尤其是责任者中的用字著录分歧较大，如“王禹偁”与“王禹称”（“偁”同“称”）、“裘毓麐”与“裘毓麟”（“麐”同“麟”）、“李东埜”与“李东

野”（“埜”是“野”的古字）。再比如，吴趼人与吴研人，冼群与洗群，并非著录错误，而是书上两种形式皆有。

笔者只能保证同一卷内的用字尽量统一，至少是局部统一。异体字原则上应改为通行字，但可能影响文意表达的应予保留，如人名、地名等。“中国文学卷”统一的原则是责任者名称照录，如“陈蜕盦”不改为“陈锐庵”。旧字形的字一般应改作新字形。提要中民国旧籍的用语用字仍保持照录，但错字要改。鉴于文字的转换是个专业而复杂的学术问题，在具体的操作中出现种种情况也实属正常①。

3.版本的逻辑关系问题

民国图书版本类型丰富、情况复杂，版本鉴定难度大。在编纂书目时，应尽可能提供清楚详细的版本信息，让读者通过书目能够快速了解一本书的版本与出版沿革信息。民国图书除了铅印本（省略不著录），另有油印本、影印本、石印本、抽印本。初版省略著录，订正初版、订正本、新1版、内1版、胜利后1版、国难后1版、战后1版、复兴1版都须著录。除了再版、修订版、增订版、重版，还有许多含有地名字样的版本，如上海初版、沪初版、沪版、重庆初版、渝初版、渝版、蓉版、粤版、赣县初版、沪1版、渝1版、蓉1版、赣1版、桂1版、湘1版、连城1版、京1版、平1版、港1版、东南1版等。这些民国图书特有的版本说明，都应该著录。

《民国时期图书总目》将题名、责任者和出版者三个项目完全相同的，合并为一个条目。同一条目下作品的不同版本，原则上按出版时间先后排序，同时兼顾版次顺序。一本书经常同一年多次再版重印，同一条目内罗列的各个版本的出版时间逻辑关系可能不合常理。此外，许多出版发行机构因战乱等原因迁移频繁，造成版本与出版发行地的著录逻辑关系不一致。当版本中含有地名字样时，尤其应注意核查出版发行地。在书目核查过程中，针对这些版本的逻辑问题，为最大程度提升版本信息著录的准确性，编纂人员需通过查阅大量书影，核实版本信息以保持逻辑关系的合理性与一致性。举例如下：

---

① 《异体字转换（旧籍中异体字、讳改字、新旧字形字如何处理？）》，2021年7月1日，讯阳文艺网：https://www.xunyangwenyi.com/9136.html，最后访问时间：2022年5月3日。

逍遥津 / 陈希新编

上海：晓星书店，1935.6，5版，26页，32开（改良京戏本）

上海：晓星书店，1942.10，2版，23页，32开（改良京戏本）

本书卷端题名：逍遥津或曹操逼宫，逐页题名：逍遥津戏本。

（著录2版逻辑不符，有些机构常将2版与再版混淆著录）

琵琶记 /（元）高明著 何铭标点

上海：新文化书社，1931.2，再版，204页，32开

上海：新文化书社，1931.8，3版，204页，32开

上海：新文化书社，1932.10，4版，204页，32开

上海：新文化书社，1933.3，8版，204页，32开

上海：新文化书社，1934.2，7版，204页，32开

上海：新文化书社，1934.5，8版，204页，32开

（确定有两个8版，但无书影核实7版的出版时间）

现代中国诗歌选 / 薛时进编

上海：中国文化服务社，1936.8，6版，254页，32开（文学基本丛书 8）

上海：中国文化服务社，1936.4，10版，254页，32开（文学基本丛书 8）

（通过核查书影，确定6版出版时间晚于10版）

4.出版发行地的著录问题

（1）多个出版发行地的问题

出版发行地主要记录在编文献的出版或发行者所在城市或其他地点名称。民国时期同一出版发行者对应的出版发行地可能有多个。特别是七七事变后，上海地区的出版业集体性大迁徙，抗战初期多迁往武汉、长沙、广州等地，抗战中后期则迁到重庆、桂林、昆明、成都等地[①]。比如，正

① 王余光、吴永贵：《中国出版通史·第8卷·民国卷》，中国书籍出版社，2008年，第131—132页。

中书局的出版发行地包括南京、上海、重庆、金华、杭州、北平。生活书店出版发行地包括上海、重庆、汉口等。东北书店在不同的时间段出版发行地也不一样，有佳木斯、哈尔滨、安东、沈阳、大连等。在版权页上，需注意核对是否有“沪”“渝·本”“金·本”“佳”“长”“哈”“沈”等字样。

另外有不少出版发行者信息源上未印明出版发行地，按照规则，可直接著录［出版地不详］或［发行地不详］。笔者认为，著录推测的出版发行地，比直接著录出版或发行地不详，更能为读者提供有价值的检索信息。特别是一个条目内有多条版本数据的，应尽量著录推测的出版发行地，可据前后版本的出版发行地逻辑推断或同年月出版发行地推断。

（2）出版发行地的新旧名称问题

出版发行地的著录还涉及出版发行地旧称与现称的统一问题。如北平与北京，新京与长春，奉天与沈阳，安东与丹东，东安与密山，琼州与海口、海南（琼州有时指海口，有时指海南）等。在编目时，出版发行地宜照录，但在编纂《民国时期图书总目》时，宜将新旧名称的关系予以描述。当信息源上出现旧地名时，出版发行地的著录形式为：旧地名（新地名），便于用户检索时进行参考。

（3）大小出版发行地的著录问题

当信息源上大小出版发行地同时出现时，有的数据著录到省一级，有的则著录到县市级。出版发行地应尽量著录到市一级，省略省、市、县字。当所在城市名称不明确时，可著录其他更大或更小地点的名称。有时，为避免重名和识别不知名的地名，可在城市名后圆括号中加上其所属省份。但也需要灵活掌握，比如当出版发行者名称中已包含省一级更大的地名时，宜选择更小的出版地著录。一些地名如恩施、邵阳、曲江、韶关、金华、丽水、永安、泰和等，是湖北、湖南、广东、浙江、福建、江西等省份在抗日战争时期的临时省会所在地，出版了不少图书，这些地名因不为人熟知，可在其后附加所属上级行政区划名称[①]。

---

① 章亦倩：《民国图书版权页的解读与著录实践》，《图书馆论坛》2014年第4期，第30—34页。

（4）出版发行地与出版发行者名称的统一问题

当出版发行者名称中包含出版发行地时，经常会出现不统一的问题。有的编目机构将出版发行者名称中的地名予以省略，有的两处都予以著录。这导致本来应合并在一个条目的数据分散在不同条目里。笔者认为，在不影响出版发行者名称识别、省略不引起混乱的前提下，应免于冗长累赘，化繁为简，去掉出版发行者名称中的关联地名。如，210$a上海$c上海佛学书局，可将出版者名称中的地名"上海"去掉，直接著录"佛学书局"即可。另举例如下：

上海：上海良友图书印刷公司　改为　上海：良友图书印刷公司
北平：北平新中国书局　改为　北平：新中国书局
香港：香港同乐会　改为　香港：同乐会

5.分类标引错误较多

文学著作分为文学理论和文学作品两大部分。文学理论属社会科学著作，应依文献的内容为分类依据，不区分国家。文学作品则以作者的国籍（国家）、时代和文体形式为分类依据。受作者所处国家的政治、历史、文化时期差异的影响，文学作品首先应以作者的国籍（国家）与作者所处的时代作为分类的依据。其次，文学作品通过一定的艺术形式，如诗歌、散文、小说、戏剧等来表达作者对生活的观察和理想[①]，因此文学体裁也是重要的分类依据。

编制一部体例完备、具有较高质量和较大参考价值的《民国时期图书总目》，除了要求书目的各著录项目准确规范之外，还应该确保分类组织的准确性。因为分类号直接影响《民国时期图书总目》目录的编制，关乎条目的组织与编排。民国书目数据的主题词和分类号存在缺失或错误的情况，本文重点列举其中的分类错误。

（1）归类错误

中国文学类I2与语言文字H类、艺术J类、教育G类等都有不少的类

① 朱青青：《关于文学作品的分类标引探讨》，《国家图书馆学刊》2018年第6期，第60—64页。

目交叉，导致出现数据归类错误。比如将专业的文学学术著作及供欣赏用的文学作品，作为中小学校的国语读物归入G类。反之，将一些以学习语文为目的的国语读物归入文学类。归类错误导致的后果就是直接造成《民国时期图书总目》的分卷错误。列举部分实例如下：

中国文学常识 / 叶时修编
杭州：湖风社，1933.12，140+76页，32开
原类号：G634.3，应改入：I209

唐诗选 / 胡云翼编
昆明：中华书局，1940.6，13+208页，32开（高中国文名著选读）
原类号：G634.3，应改入：I222.742

投军 / 王汉柏著
上海：新中国书局，1933，36页，32开
本书为小学校用国语科补充读物。
原类号：I234，应改入：G624.23

民歌选（附民间舞曲）/ 房屏编选
上海：民歌研究社，1948.11，98页，36开
上海：民歌研究社，1949.4，增订再版，98页，36开
原类号：I276.2，应改入：J642.2
（既有词又有谱，应从文学类改入艺术类）

钱氏家乘（士青全集之一）/ 钱文选著
出版者不详，10+348+10+10页，32开
原类号：I216.2，应改入：K820.9
（家乘原指家事的记录，应归入家谱类）

（2）细分类别缺乏准确性和统一性

文学作品主要依其体裁归入相应的类。但在实际分类过程中，由于编目人员对某些文体形式不甚了解，造成分类不准确或同一作品分类不一致。

以曲艺为例，中国文学史上有大量的弹词、鼓词、说唱、说书，成为文学艺术的一个分支，在《中国图书馆分类法》中被划分到一个专门的类目“I239曲艺”。但分类时，弹词、鼓词经常与章回小说混为一谈。目录中有章回的并不一定是章回小说，可能是弹词、鼓词。比如《落金扇全传》，原数据标引为清代章回小说，入I242.4，实际是清代弹词，应归入I239.1。类似还有《天雨花》《再生缘》《果报录》等清代弹词，《回龙传》《白玉楼》《天宝图》等传统鼓词曲目，多被归入章回小说。一些民国书籍将鼓词、弹词也称为通俗小说，或称为鼓词小说、弹词小说。比如《燕子笺》，书上标注为传奇小说，实际应归入鼓词。《望春楼》，书上标注为短篇奇情故事，实际是说唱小说，原则上应归入鼓词而不是故事。造成这种分类混乱的部分原因，是书上标注的文体形式与实际归类的文体形式矛盾，有时书上不同的信息源（如封面与卷端）标注的体裁形式也是矛盾的。

弹词与鼓词两者之间也不易区分。弹词和鼓词都是韵文和散文相结合的文体，是流行于不同地区的说唱相兼的曲艺形式。唱的部分是韵文，中间说的部分是散文。鼓词以北方为主，打大鼓伴奏。弹词流行于苏州地区，弹琵琶伴奏。两者从演奏乐器上容易区分，但从文字上是不易区分的。编目人员须认真核查曲目，才能准确归类。

除此，细分类目的硬伤及常识错误也不少。比如将昆剧保存社出版的《紫云谱》，归入京剧，从该书的目录也能看出其是典型的昆剧剧本。再比如，章回小说之下按照内容题材细分时，《白牡丹》为世情小说，应归入I242.47，很多数据按历史题材归入I242.43。《封神榜》《封神演义》书中以神话为主，依内容题材应归入I242.49更适宜，但许多机构依据书名演义归入历史题材I242.43，可能考虑到武王、纣王是历史。

同时，在作品与作品研究、作品的时代划分等归类的统一性方面也存在诸多问题。文学作品的分类应依著者所属的时代归类，但有的数据则按照作品内容涉及的时代或编者、点校者的时代归类。以《考正白香词谱》为例，有的按照《白香词谱》作品研究归类，有的按照作品集归类。

6.装帧形式的著录问题

民国图书常见的装帧形式为平装、精装、洋装，但洋装并不等于精装。关于装帧形式的著录规则是精装、环筒页装等需著录，平装不著录。目前装帧形式的问题较多，主要原因在于：（1）联编平台的原始数据装帧形式存在漏著录或省略著录的情况；（2）有的书目虽然之后核查到书影（如国家图书馆出版社的“中国历史文献总库·民国图书数据库”），但其实看不出来装帧形式，除非在版权页有明确说明，或者是孔夫子网的部分有封面图片的书影，能看出实际的装帧形式；（3）一些图书各种版本的装帧形式本身就存在差异（如精装1册、平装2册），且很多版本无书影无法核查装帧形式；（4）有的多卷书因为很多无书影，或者本身就是各种版本精装、平装混着出，所以很难统一装帧形式。

对于同一条目下各版本装帧形式的统一，首先要确认是否为精、平装皆有，还是部分版本为精装，部分版本为平装，以及精装与平装出版的册数是否存在差异。未著录装帧形式的，且无法核查到书影的，只能视为普通平装本或装帧形式不详。其次，要注意版本与装帧形式的连续性，一个条目中如果2版、4版、5版都是精装，只有一个3版是平装或者未注明装帧形式，这种数据基本是存在问题的，需进一步核查。如果截止到某一年之后都是某一种装帧形式，则无需进一步核查。

三、《民国时期图书总目》编纂视角下的民国文献编目工作

《民国时期图书总目》汇集30余万条书目数据，实属专题文献整理方面的系统工程。对于编纂机构而言，需要做好书目搜集、书影核对、目录组织等各方面的工作。通过《民国时期图书总目》的编纂，给我们提供了一种改进民国书目编制框架和提升目录功能的契机。

1.重视作品层信息的描述与检索

Bibframe（Bibliographic Framework Initiative，书目框架行动）2.0模型对于所要描述的资源通过作品（Work）、实例（Instance）、单件（Item）三个核心类，由抽象到具体的层次来进行分层描述。作品（Work）是抽象的最高层面，体现编目资源的概念精髓，反映著者、语种、主题等信息。实例（Instance）是指作品一个或一个以上个别、载体的具体化，反映出版者、

出版地、出版日期等信息。单件（Item）是一个实例的实际样本（物理或电子），反映位置（实际或虚拟的）、条码等馆藏信息。

新版《民国时期图书总目》已有了从作品层组织书目的意识，将同题名、同责任者、同出版者的数据合并在一个条目内。虽然题名目前还停留在实例（即载体表现）层、未使用作品层的统一题名进行组织，但对责任者与出版者则力求统一。

其中，责任者范畴的著者信息是用户选择、识别、查找作品的重要元素，是重要的著录单元和检索点，应在书目中予以充分的描述。著者是指对作品的知识内容或艺术内容的创作负有主要责任的个人或团体。文献编目遵循客观著录的基本原则，要求编目人员依照规定信息源上记载的著者形式与数量，进行客观描述。如果著者出现在规定信息源上，则著录在CNMARC 200$f子字段，否则不在200字段体现。但无论著者是否著录于200字段，著者的检索点形式都应该在CNMARC责任块7字段体现。即当规定信息源上无原著者信息时，200字段虽然不需要编目人员补充，但原著者应在7字段设置检索点。因为用户不会只按照规定信息源上提供的著者信息来检索。

《民国时期图书总目》基础数据中，7字段的原著者信息缺失严重，导致系统无法从7字段提取著者信息。《民国时期图书总目》的责任者信息只能从200字段提取。因此在《民国时期图书总目》编纂的过程中，又产生了一些新的问题，缺失的原著者信息是否需要补录到200字段，以及补到何种程度。比如《崇祯惨史》是清代松滋山人编写，《济公传》的作者是郭小亭，很多版本并无原著者，是否要添加。目前的基础数据各种不一致，200字段有自行添加的，有客观著录的，这给条目的编排带来了诸多困扰。

2.加强规范文档的建设

“中国文学卷”涉及大量人名与题名的变异形式。以人名为例，有原名、笔名、字号、别名、室名、斋名等。比如，沈德潜与沈归愚，黄景仁与黄仲则，曾国藩与曾涤生，金圣叹与金人瑞，江荫香与梦花馆主，胡怀琛与胡寄尘，平襟亚与沈亚公、襟霞阁主，胡云翼与拜苹女士，刘大杰与雪容女士，林纾与林琴南、畏庐老人、冷红生，朱太忙与朱益明、朱惟公。陶明志是赵景深的笔名，阮无名、阿英是钱杏邨的笔名。齐家本、齐嘉笨、武垣尧封，是同一人。

《民国时期图书总目》对于责任者的出版要求是：同卷同一责任者，

名称及附加成分要统一。即要求责任者的形式在整个目录里应以同一形式呈现。同一责任者在目录中以同一形式呈现，可提升目录的集中查找功能，利于索引的编制。统一责任者形式时，应结合图书馆目录的历史使用情况，以及用户的使用习惯，遵循著称原则和惯用原则，优先选择为用户熟知的、通行的名称形式进行统一。即在基础数据的质检环节，注意核查7字段责任者的规范形式，调用规范文档，才能更好地汇集同一责任者的各种变异形式。为减轻统一的工作量，亦可适当兼顾数量优先原则，同时考虑规范数据和民国时期的习惯用法。责任者的朝代等附加成分要查全、查准。对于跨时代的人物，其朝代的著录信息应确保权威、规范。原责任者形式在附注项说明，规范导语为著者（编者、标点者，此处依据200字段的责任方式措辞）原题：×××。

由此可见，虽然各收藏单位提交的描述馆藏的编目数据是《民国时期图书总目》编纂的基础，但《民国时期图书总目》的编纂不仅仅是以单一书目数据为基础，还须依赖大量的规范数据。规范文档对同义异名的词汇进行名称形式上的控制，能够增强不同名称形式之间的指引关系。但规范文档的建设是一项投入成本相当高的工作，需要日积月累，需要长期维护，是编目工作中耗费昂贵的部分。

3.辩证运用现行编目规则

民国图书处于现代版式图书的形成期，尤其题名页的信息普遍不完整，在版式、语言、文字等方面与现代图书存有差异。应结合民国图书的出版状态、形式特征，制订规则，而不能照搬现代图书的编目规则。此外，书目编纂与文献编目不能画等号，因此文献编目规则不等于《民国时期图书总目》编纂规则。《民国时期图书总目》编纂要根据文献特点、收录范围、出版项目、条目合并原则、出版显示格式、各卷的内容特征等，不断调整优化现有工作流程，灵活运用现行编目规则。编纂规则可在编目规则的基础上，根据文献和书目的实际情况做一些改动，以便更有效地指导实际编纂工作，提升编纂效率。

为了给用户提供更加丰富翔实、更具参考价值的书目信息，在《民国时期图书总目》编纂的后续环节，可能做出有悖编目规则的举措。比如，古人的朝代、外国责任者的国别与原名形式等，即使未出现在规定信息源上，亦尽可能地完善补充至题名与责任说明项。对于出版发行项，不能套用现行图书规则，只重视对出版者的著录，而忽视对发行者、发行所的描述。例如，《革命文学论文集》，出版者：生路社，发行者：新学会社，除了将“生路社”作为出版者呈现，还应将发行者“新学会社”加以附注说明。再如，根据全文书影或旧版总目，将载体形态项215$a子字段文献数量由符合规则的“1册”更改为［推断的页数］。因为著录1册难以识别书的厚薄，是几页、几十页还是几百页，所以尽量不著录为1册。对于抽印本的页数，则尽量由［推断的页数］调整为客观著录更好。例如，能著录为78—97页，则不采用［20］页。

为了让书目更整齐地呈现，以取得更大的一致性，总目的编纂亦对一些会影响条目合并的客观信息予以灵活的规范化处理，如对责任者形式、责任方式、尺寸等进行信息转换与人为统一。将分辑号、卷标识等表示序数概念的编号统一改为阿拉伯数字（民国纪年等除外），便于条目自动排序。

编目人员一直在兼容“过去”，为数据的一致性而负重前行。尤其当文献上提供的著录信息本身就不规范、不一致时，如果过分追求客观著录，就需要我们能够接受目录中非统一的、混合不一致的信息。而且不同人员可能产生各人看法上的不同，导致著录、分类的矛盾或不一致。为了解决这种不一致之处往往要耗费许多磋商时间。《民国时期图书总目》编纂采取人为约定，以在编目的客观性原则与数据的一致性原则之间找到一个相对的平衡。

4.提升主题编目的质量

标引的准确性和一致性、标引深度的适度性是衡量主题编目质量的主要依据。标引一致性要求对同一文献或相同主题的文献赋予相同的检索标识，要求对同类型、同学科、同类主题的文献在标引方式、专指度等方面保持一致。将内容相同或相近的文献集中归入同一个类目，做到前后一贯统一，避免将同一作品的不同版本以及同性质的文献归入不同的类，这是标引工作的基本要求。主题编目应克服随意性、盲目性，减少标引误差，提高标引质量。

《民国时期图书总目》除《四部丛刊》《四部备要》《丛书集成》三套丛书与旧版保持一致放在Z卷外，其余严格按照《中国图书馆分类法》（第四版）的1—2级类目划分卷。各卷内部类目的划分，并未完全采用《中国图书馆分类法》类表上的一切类目，主要以3级类目为基础编制目录，同时兼顾分类体系和所含文献的数量，进行合并或进一步细分。“中国文学卷”涵盖文学理论、文学作品、文学史、文学作品的评论及研究等。文学作品分总集与别集。小说还需要依内容题材进行划分。“中国文学卷”因条目众多，分类号至少要保证5—6级类目正确。

分类与目录息息相关，目录的生成还需考虑并列类目、交叉类目的问题。并列类目可归入上一级类目或按照主要内容归类。主题编目应特别注意分类号的统一，因为分类差异会直接造成条目与版本的分散。

5.强化专题培训，优化队伍建设

《民国时期图书总目》编纂是一项复杂、费时而细致的任务，包含着一系列严密、琐细、漫长的工作。编纂人员需要查阅大量原始文献的书影，对检索、查重、索引、民国文献判定等有重要影响的题名、书名原文、责任者、出版发行者、出版发行时间、分类号、页码、尺寸、内容提要等著录项目与著录单元都需要进行逐项、逐条核查。除此之外，还包含大量鉴别考证、统一体例的工作。

《民国时期图书总目》编纂需要集体智慧予以攻关，组织和发挥集体的力量共同完成。笔者深感作为独立个体发挥作用极其有限，需要团队成员之间、团队之间予以通力紧密的合作，并且提供支撑的团队专注于能力的复用、资源的整合和赋能①。

因此，一方面，要通过业务培训、业务指导、专题研讨等方式培养编目队伍，优化队伍建设；另一方面，要针对《民国时期图书总目》编纂的需求，细化民国书目培训，对民国文献收藏单位与相关编目人员开展书目查重、主题编目、数据质检方面的专题培训，不断完善基础书目数据质量，提升编目品质。同时，要加强《民国时期图书总目》建设的宣传与推广，提升从业人员的意识与站位。

作者通信地址：北京市海淀区中关村南大街33号，邮编：100081。

责任编辑：李强

① 刘炜、嵇婷：《“云瀚”与智慧图书馆：以开放创造未来》，《中国图书馆学报》2021年第6期，第50—61页。

馆藏介绍

大生档案形成史

朱　江*

摘　要： 大生档案特指江苏省南通市档案馆保存的张謇及其创业团队，以及他们的事业继承者，在兴办实业、倡导教育、捐资公益事业等方面直接形成的历史记录。大生档案形成于大生沪所，1962年入藏南通市档案馆，从企业资产转化为社会的共同记忆。大生档案能够保存至今，得益于大生纱厂创办人张謇较强的档案意识，也与大生档案的形成者和保管者的勤勉和责任心有关。

关键词： 张謇；大生档案；大生沪所；大生纱厂

从广义的角度讲，大生档案是清末状元、实业家、教育家、社会改革家张謇及其创业团队，以及他们的事业继承者，在兴办实业、倡导教育、捐资公益事业等方面直接形成的历史记录，也有一定数量的在个人和家庭活动中直接形成的历史记录。

通常所述的大生档案为狭义的概念，这是档案界和历史学界普遍认同的，即保存在江苏省南通市档案馆，主要包括4个人物全宗和23个单位全宗的近万卷档案。这些档案能基本反映1895年张謇筹办大生纱厂而引发的南通的工业发展，以及由此发轫的南通早期现代化的探索历程。其中，《大生纱厂创办初期的档案》被列入首批“中国档案文献遗产名录”，《张謇家书》《通海垦牧公司档案》《大达内河轮船公司档案》《大有晋盐垦公司档案》入选“江苏省珍贵档案文献”。大生档案能够相对完整地保存下来，成为张謇企业家精神乃至中国近代史研究的重要史料，与张謇较强的档案

*　朱江（1968—　），男，江苏省南通市档案馆研究馆员。

意识有关，也与大生档案的形成者和保管者的勤勉和责任心有关。

大生档案的名称源自张謇创办的大生纱厂。清光绪二十一年（1895）农历八月，两江总督张之洞委任张謇筹办纱厂，1899年5月23日，大生纱厂正式开车。对筹办期间集资之不易，张謇曾发出过“坐困围城，矢尽援绝”的感慨，但即使“进无寸援，退且万碎”[①]，张謇还是以坚韧不拔的意志，将现代工业引进通海地区（江苏通州和海门，现属南通市），进而彻底改变了通海地区的面貌。

大生纱厂是张謇投身实业的开端，也是张謇日后兴办教育和社会公益事业的基础。张謇所创办的各项事业，大抵都由大生纱厂发轫，通过已有企业投资或者垫资，加上他和亲友的引导，带动社会力量和资金投入而不断创设，渐次开展，并不断滚动发展。这些由张謇所创企业的资金作为纽带连接起来的企业、文化和慈善单位，通常被称作大生系统，而相关单位形成的档案，被称为大生档案。

一、张謇的档案意识是大生档案形成的重要前提

张謇在大生纱厂的经营管理方面拥有至高无上的话语权。可以说，张謇的档案意识，决定了大生纱厂乃至后来的大生系统单位档案积累、保管的意识和水平。

档案意识，是人们对档案价值的认识，由此引发对档案的积累、保管和利用的行为。档案意识实质是权利意识，同时也是一种文化自觉。张謇的幕僚生涯，大大增强了他的档案意识，使他能自觉地形成和保管档案，且更善于利用档案，这不仅可以维护自身和大生企业，也可以塑造良好的社会形象。幕僚，又称师爷、幕宾、幕客、幕友等，江平主编的《中国司法大辞典》（吉林人民出版社，1991年）提到幕僚源于秦汉，成于唐，盛于清。清代幕僚由地方各级官府主官（幕主）自行延聘，只对幕主负责，幕僚协助幕主办理公务，如起草文书、批阅文卷、办理司法诉讼、处理户籍赋税等事宜。幕僚相当于私人秘书，既处理文书，也管理档案，可以视

---

① 张謇：《总理报告经理本厂十二年历史》，《通州大生纱厂第一次股东会议事录》，南通市档案馆藏，B402-111-470。

作兼职的档案管理员。

张謇曾先后在江宁发审局孙云锦和庆军统领吴长庆幕府担任幕僚。幕僚生涯使得张謇通晓官府档案管理的基本流程和规范，进而将其运用到大生企业管理中。清代官府档案管理有一些普遍性的要求，如实行诉讼档案一案一卷制度，即将同一案件形成的全部档案，按照一定顺序，粘连成帙，组成案卷；档案按照文种分类，再按时序或者问题排列；档案按照年月编目登记；实行档案汇抄制度，将档案原件依照在文种、问题等不同方面的特征，按照年月日顺序抄录成册；等等。这些制度的内核即完整保管形成的档案以及注重档案的备份，这在大生企业的档案管理中都有体现。

就目前留存的档案看，在创办大生纱厂之前，张謇就有意识地保存他的个人档案，如南通市档案馆保存着张謇金榜题名之前部分友朋的信函，涉及人物有顾锡爵、周家禄、孙云锦、汤寿潜、何嗣焜、吴汝纶、沈曾植、郑孝胥、张裕钊等，共34封，这是大生档案中与张謇直接相关的最早的档案。个人的留存定会因历史变迁而有所散佚，所以张謇早年保存的档案到底有多少，内容是什么，也许永远是个谜。个人信件、日记之类，往往为自身所珍视，有意识地保留下来是出于对个人和家庭历史的尊重与纪念，是初步的档案意识。

幕僚生涯强化了张謇的档案意识，而张謇又将其融入进大生企业管理中。著名历史学家章开沅指出："我们特别感激张謇，因为他不仅在通海等地留下自己的事业与思想，同时还留下大量相关的文献资料。张謇生前就非常重视相关文献、档案、手稿的保存。"[①]大生档案就是张謇为后人留下的宝贵财富。

大生纱厂最早的有关档案管理的制度，体现在张謇起草于1897年、定稿于1899年10月的《厂约》[②]中。《厂约》是大生纱厂早年的企业管理制度，开宗明义地指出大生纱厂的设立是"为通州民生计，亦即为中国利源计"。《厂约》明确规范大生纱厂总理（厂长）和各董事（分管业务的负责人）的权职、员工薪水的标准、余利的分配等。《厂约》明确了大生纱厂档案

① 章开沅：《序言》，李明勋、尤世玮主编：《张謇全集》（公文），上海辞书出版社，2012年。

② 张謇：《厂约》，南通市档案馆藏，B402-111-469。

管理的负责人是银钱账[1]目董事："入储卖纱之款，出供买花之款，备给工料，备支杂务，筹调汇画，稽查报单，考核用度，管理股票、公文、函牍，接应宾客，银钱帐目董事之事也。"银钱账目董事相当于总理的副手，在大生纱厂地位显赫，作为文书和档案管理的负责人，可以确保文书和档案工作的正常开展。银钱账目董事还需在每年年底"另刊账略，分别咨商务局寄各股东"。在张謇致刘坤一的《承办通州纱厂节略》中，张謇全面报告大生纱厂从1895年筹办到1899年开车的艰苦历程后，自信地说："以上各节，皆有公牍私函可据，撮要备采。"[2]可见，汇报的内容都有据可循，都是从档案摘要而来。这正是得益于高度的档案意识和明确的档案制度。

《厂约》中有关档案管理的制度也涉及大生沪所（对大生企业驻沪办事机构的统称），如"银钱总帐房章程"规定："沪帐房逐日所来信件，凡与厂事有关者，各处阅后，均应送总帐房存查"；"沪帐房逐日寄到洋厘报单，进出货处阅后录簿，原单送存总帐房备核"。这里主要涉及银钱总帐房与大生沪所来往文件的归档，可以推测大生沪所的档案管理制度，应该是与银钱总帐房相一致的。而大生沪所保存下来的档案，就是大生档案的主要部分。

二、大生沪所是大生档案的形成主体

大生档案主要是大生沪所形成的档案。大致在1896年3月中旬，筹建中的大生纱厂设立大生上海公所，暂寓上海福州路广丰洋行内。光绪二十三年（1897）秋搬入天主堂街31号，并改称"大生沪帐房"。之后搬迁至裕源批发所、印书公所、通海花业公所、紫来街、南太平码头、小东门外等处。1907年大生纱厂召开第一次股东常会，议决将沪帐房改名为"大生驻沪事务所"。1920年，位于上海九江路的南通大厦落成，大生驻沪事务所迁入办公。1930年，迁至南京路保安坊上海女子商业储蓄银行大楼4楼。1936年，大生第一纺织公司和第三纺织公司董事会组织大生总管

---

① "帐"与"账"旧时两者通用，本文引文中出现的此二字系原文照录，"帐房"统一用"帐"字，其他皆用"账"。

② 张謇：《十月十五日承办通州纱厂节略》，南通市档案馆藏，B402-111-469。

理处，下属各厂只负责生产，其他诸如进出货、人员任免、薪酬发放等决定权均归大生总管理处。1945年9月15日，大生第一纺织公司和第三纺织公司召开董监联席会议，议决设立临时管理委员会，代行大生总管理处职权。1946年7月，设立大生上海联合事务所。1951年，改名称为“大生第一、第三纺织公司上海联合事务所”。1953年被撤销。

大生沪所从大生纱厂的派出机构，最后发展为大生第一、第二、第三纺织公司在上海的办事机构，它在运作的过程中自然会形成、积累这三家公司的档案。大生第一、第二、第三纺织公司一直是大生系统的核心，尽管大生第二纺织公司1935年破产清算，但第一、第三公司依然是大生系统的中坚力量。张謇所创的企业、文化和慈善机构数量很多，覆盖面又广，为什么大生沪所形成的档案能基本反映大生系统发展的概貌呢？回答这个问题，需要从两方面来考察。

（一）从大生沪所的性质和承担的任务角度看，大生沪所参与大生系统机构的创设，并为后续的发展提供支持，在此过程中形成相关档案。

大生沪所设立时，大生纱厂尚在集资阶段，唐家闸的厂房还没有建设，之后大生沪所参与大生纱厂资金的筹措，把官机[①]从上海运送到通州，置办大生纱厂所需的各种物料，与江海关沟通。可以说，大生沪所是大生纱厂初创时期的主要参与者之一。这个阶段留下的原始档案，最早为1897年的会计账册。1897年一直到1899年之间的大生沪所档案，是首批“中国档案文献遗产名录”《大生纱厂创办初期的档案》的重要部分，是大生纱厂初创史的见证。

随着大生纱厂不断盈利，张謇声名鹊起，他和创业团队在投身实业的基础上，进而发展教育、慈善等公益事业。在这个过程中，上海起到独特

① 湖广总督任上的张之洞准备在湖北添设南、北两个纱厂，1893年12月8日，委托上海德商瑞记洋行、上海德商地亚士洋行承办纺纱机器。1894年11月3日，张之洞署理两江总督。由于湖北纱厂几无进展，张之洞便寻机在两江地区设厂，于是纱机一路颠簸，由进口地上海，转运至湖北，再至江宁，最后又回到上海，搁置在上海黄浦江边的席棚中。后经两江总督刘坤一牵线搭桥，这批机器作为官府投资入股大生纱厂，因此被称为“官机”，成为大生纱厂最早的纺纱机器。

的作用。上海是张謇所创各项事业资金的主要募集地、技术和人才的核心来源地、设备和燃料的集中采购地，同时也是张謇从事早期现代化探索的思想启迪处。大生沪所是张謇将大生纱厂，以及之后创办的一系列单位与上海紧密联系起来的纽带。随着南通现代化的进程，大生沪所甚至成为南通在上海的窗口。大生沪所有效地加强了南通与上海之间的资金、人才、信息的交流，这对于南通接受上海的辐射，充分依托上海这个中国的经济和文化中心，承接来自上海的先进生产方式，汲取上海的先进文化，有着不可估量的贡献。

作为孵化器的大生沪所，自然会形成和保存与其有关联的大生系统单位的档案。这些后起的单位，大都是依托大生第一、第三公司的资金带动发展起来的，也依靠大生沪所筹措资金和购买物料，甚至许多单位的股东会议和董事会都是在上海召开的。1920年开业的淮海实业银行就是一个很好的例子，这家总部在南通的区域性银行是张謇等人创办的，根据现有史料，其筹备工作至少在1918年就已经开始。1918年5月30日的《申报》第7版《实业银行开会记》中记载，1918年5月24日召开淮海实业银行第二次发起人会议。这次会议确定拟议中的银行定名为“淮海实业银行”，股本100万元，在通沪两地设立筹备处，发起人公推张詧、张謇为筹备主任。上海筹备处由筹备主任委托大生沪所所长吴寄尘办理。

大生沪所对淮海实业银行创立起到的作用：第一是代收股金、代换股票和发息；第二是在上海代购多批次的用品，主要是会计记账用品，如支票、日记表、开支账、未收票据账、定期放款分户账、现金保单，其他办公用品如保险箱、橡皮图章、木器等；第三是代办业务，在淮海实业银行上海分行1920年9月17日正式开业前，大生沪所代为承担部分职能，如1920年8月25日第88号号信所述，金城银行、上海银行各交到2万元，代存入上海商业储蓄银行洋户[①]。

“1938年春，南通沦陷，行屋生财遭敌寇侵损，甚至库房亦被打开，幸重要契券文件，由已故保管员刁镒清之弟泽民送沪，得以完整。”[②]淮海实业银行的其他文件和账册则在1938年散失。1946年3月23日，淮海实业

---

① 《淮海信底(庚申荷月接立)》,南通市档案馆藏，B401-111-161。

② 《淮海实业银行清理工作报告》,南通市档案馆藏，E262-111-68。

银行出于向财政部申请核准复业的需要，致函南通县总商会，请求出具证明书，证明“民国廿七年三月十七日，本县被敌人进驻，于沦陷时鄙银行总行全部房屋被敌占住为伤兵医院。当时事出仓猝，一切帐据文件及库房统被损毁无遗”[①]。

淮海实业银行的档案已经不见踪影，但好在大生档案里，保存着大生沪所与淮海实业银行的号信、股东清册、换股票发息清册等，结合南通市档案馆馆藏民国档案和中华人民共和国成立后形成的相关档案，基本可以勾勒出淮海实业银行的概况。不仅是淮海实业银行，大生沪所几乎为所有的大生系统企事业单位提供服务，会计档案丝毫无漏地记载着往来的费用，细细考察账目，可以发现很多有趣的细节。

张謇在大生纱厂取得盈利之后，通过企业注资、个人捐资、引导亲友捐赠等方式，1902年创办通州师范学校。光绪二十八年（1902）大生沪所的总录里，记载大生沪所8月19日代购《二十四史》，支付九八规元152两，花费洋2元买书箱2只，为把书送到开往通州的船上又支付力资费洋5角[②]。

（二）张謇注重编纂档案汇编，使得大量大生档案的内容，通过档案汇编的形式得以保存，这是大生档案能基本揭示大生系统概况的第二个原因。

如果仅仅因为大生沪所与众多的大生系统单位发生联系，因而保存相关单位的档案，那还是不足以反映大生企事业的全貌的。因为大生沪所保存关联单位的档案，肯定比不上关联单位本身保存的档案数量。纵观大生档案，会发现大生企业的许多重要文件，特别是早年的股东会议记录、董事会记录、合同、往来函件等，原件已经不知所踪。大生的核心企业，如大生纱厂、通海垦牧公司，召开股东会和董事会，相关档案应该形成并被保管于公司本部，可惜动荡的时局下，这些企业本部的档案几乎无存。

中华民族一直有着编纂文献的优良传统，使得相当数量的档案，尽管其原件不复存在，但内容仍流传至今。曹喜琛和韩宝华认为：“先秦的档案原件绝少留存，而孔子编订‘六经’，使一部分重要档案文献保存流传

① 《淮海实业银行董事会致南通县总商会函》，南通市档案馆藏，A208-115-454。

② 《大生沪帐房光绪二十八年总录》，南通市档案馆藏，B401-311-27。

下来；宋代以前皇帝颁发的诏书原件已不可复得，而宋人编纂的《两汉诏令》《唐大诏令集》《宋大诏令集》，则使我们至今仍然能窥见系统真实的诏令原文。”①

张謇在大生企事业的管理活动中，继承了先辈注重文献编纂的做法，先后编纂《通州大生纱厂本末章程帐略》《通州兴办实业章程》《通州兴办实业之历史》等，系统性地保存大生纱厂及相关单位的重要档案。每年度把企业的账略和说略作为单行本印制分发，这既是对股东的交代，也是在向社会进行企业形象宣传，客观上起到复制原件内容、增加副本数量的作用。慈善机构的征信录既是对爱心人士的褒奖，也是体现善款流向的记录，可以取得社会对其所从事的慈善事业的信任。历经多年的风雨，后人在没有原件的情况下，依然可以较为全面地了解大生系统单位的情况，这些档案汇编功不可没，能与大生沪所形成的档案相互补充。

三、大生档案对大生系统的作用

档案是在社会活动中直接形成的，因此具有原始性，从而具备参考和凭证价值。张謇档案管理思想系统、全面，不仅关注文书和会计档案的形成，对基建和设备档案保管也十分留意，还重视合同档案的留存，以维护企业的切身利益，保障企业的正常运行。

大生纱厂领取官机后，需要募集50万两商股与之配套，但进展缓慢。经两江总督刘坤一牵线搭桥，1897年8月11日，张謇与盛宣怀签订《通沪纱厂合办约款》，约定双方各自领取2万余锭官机，各作价25万两，分别在唐家闸和浦东开设工厂；各自招募25万两商股；官府不再派出驻厂官董。由郑孝胥和何眉生“见议”，即见证。官机规模缩小一半，配套的厂房、物料和流动资金也相应可以减少，有利于早日把纱厂建起来。8月16日，作为官方代表的桂嵩庆（江宁商务局总办），与张謇和盛宣怀签订《官商约款》，取代之前的《官商合同》。《官商约款》对于官股利息以及官机的点交、转运、安装等事宜均有约定，其中规定江宁商务局派崔鼎到上海点交机器，张謇和盛宣怀各派人员共同到现场查点均分。大生纱厂方面由

① 曹喜琛、韩宝华编著：《中国档案文献编纂史略》，高等教育出版社，1999年，第2页。

大生纱厂沪帐房具体负责，沪厂方面，盛宣怀把具体事务交给郑孝胥和盛宙怀。

分机[①]过程中的关键技术人员是英国工程师汤姆斯（大生档案中也记载为汤姆司、汤洋人、洋人）。首先需要根据机器的情况，保证分到两个纱厂后各自能够独立运转，因此先要设计出分机方案，这个方案一直到10月30日才出台。11月18日纱机开始运往通州，而汤姆斯在大生纱厂待了将近一年。之后大生纱厂的机器由他负责指导安装，具体安装则由徐福寿负责。

这批纱机由于长时间暂存在黄浦江滩边，风雨侵蚀，大件几乎都有锈损，而小件很多已被完全腐蚀。机器从英国进口后，从上海运往湖北，再折返江宁，又回到上海。作为官机投资大生纱厂，又通过驳船装上官府的兵船，到了通州还要接驳。几番折腾，加大了其破损程度。

1899年5月23日大生纱厂开车前，禀请南洋大臣刘坤一派员到大生纱厂实地查验官机的破损情况。同时请江宁商务局的崔鼎，把瑞记洋行、地亚士洋行在湖北承办这批纺纱机器的原合同拿到大生纱厂来，用合同上的机器清单与实物核对。因为1893年瑞记洋行、地亚士洋行承办纱机合同规定“全厂机器备齐，零用物件配足六个月用，不得短少”，“如机器物料照来单有短少损坏，均由瑞记等行认赔”[②]。后来根据现场勘察，以及通过与负责指导机器装配的汤姆斯的交流，张謇在10月19日给刘坤一的咨呈中认为：“似此项分领之机，因锈损而缺，非原单所缺。”至于应该添配的机件，先由大生纱厂垫办[③]。另据前往大生纱厂查验的候补道林志道致刘坤一的禀文，官机合同的原件存江南筹防局，沈燮均和高清建议林志道把点验的官机清单交给江南筹防局，再与合同原单逐项对比。

大生纱厂是否、何时借到官机合同，或者江南筹防局是否替大生纱厂核对过缺损情况，没有史料说明。但大生档案里确实保存着这份官机合同

---

① 1897年8月11日张謇与盛宣怀签订《通沪纱厂合办约款》，约定双方各自领取2万余锭官机，各作价25万两，分别在唐家闸和浦东开设工厂。

② 《德商瑞记洋行、地亚士洋行承办纱机合同》（抄件），南通市档案馆藏，B401-111-1。

③ 《九月十五日咨呈南洋督部刘》，南通市档案馆藏，B402-111-469。

的抄件，张謇在首页上批注“存沪帐房备查”[①]，说明最终大生纱厂取得合同的复本。通过核对官机合同，一方面可以避免机器的缺少，另一方面也能验证锈损机器的数量，作为向官府获取补偿的依据。

出于维护企业利益的目的，张謇注重档案的积累。1903年，张謇就广生油厂机器配件事宜与盛宣怀进行交涉，是以保存的档案作为凭据的。广生油厂机器榨制棉油兼造棉饼，1901年筹建于唐闸。1901年，盛宣怀所办的华盛纺织总厂（以下简称“华盛”）准备与外商在通州、海门合办轧花、榨油厂。南洋大臣魏光焘认为与条约不合，令盛宣怀将所购的榨油机器并设于大生纱厂，不得与洋商合股。经协商，华盛所购的榨油机价1万两，由华盛和大生纱厂各认一半，在大生纱厂附近筹建广生油厂，当年发布集股章程。由于资金募集不足，1903年由大生纱厂投资，建成开车。1905年，华盛将股份全部让给大生纱厂，大生纱厂投资总额为5万两。1905年7月29日向商部注册，1909年召开第一次股东会。

华盛置办的设备运到通州后，根据设备清单，应该有相关配件，但并未随机运来。大生纱厂董事高清、广生油厂执事茅友仁、专事机器采购的郁芑生面告华盛的总办盛宙怀，当时大生沪所的负责人林兰荪在座。盛宙怀提出由广生油厂自行采购，作价2400两，货款在华盛投资的5000两内扣除。1903年盛宙怀去世，为了厘清事情的原委，张謇在给盛宣怀的信中指出：“添件与原件自是两事，原件有华文清单，添件有帐，现已属油厂将原单检出，寄呈台览，并令原办事人来为详说，必可明白。”[②]张謇让广生油厂把随机清单寄给盛宣怀。在另一份致盛宣怀的函中，“遵属沪帐房即日划交尊处所有荔翁原讯及广生执事茅友仁讯单并抄呈览”[③]，张謇吩咐大生沪所把所保存的盛宙怀的来信原件，以及茅友仁的相关函件以及抄录的复本送到华盛，进一步交代事情的经过。

大生档案中的合同是张謇在惨烈的商战中维护企业利益的保障。张謇

① 《德商瑞记洋行、地亚士洋行承办纱机合同》（抄件），南通市档案馆藏，B401-111-1。

② 张謇：《复盛宣怀函（1903年9月11日）》，李明勋、尤世玮主编：《张謇全集》第2册《函电（上）》，上海辞书出版社，2012年，第128页。

③ 张謇：《复盛宣怀函（1903年）》，李明勋、尤世玮主编：《张謇全集》第2册《函电（上）》，第130—131页。

认为："既是买卖，应订契约。一切交涉事例，载明约内。"[①]这些合同，不仅有大生企业与国内机构或企业签订的，还有相当数量是与外国洋行订立的。1906年，张謇曾在上海聘请英籍律师哈华托担任大生纱厂、大达轮埠公司、江浙渔业公司等6家公司的法律顾问，顾问事项包括"商量事件、备办事件、陪从议事及写信案牍"[②]，这说明大生企业签订的合同都是经过律师把关的，这些合同作为档案保存，是张謇未雨绸缪的体现。

目前留存下来的大生档案，主要组成部分是文书档案和会计档案，还有少量实物档案。大生纱厂《厂约》对基建、设备档案尚没有明确涉及的话，1904年大生分厂的章程则对基建档案、设备档案的保管有了详细规定。大生分厂，又称崇明分厂、大生二厂、大生第二纺织公司，1904年张謇、张詧、王丹揆、恽莘耘、刘聚卿、林兰荪等集股，在崇明外沙久隆镇（今属启东）筹建。开车前集得商股60.95万两，由大生纱厂拨入商股余利18.889万两，合计79.839万两。1907年4月17日，大生分厂建成开车。1907年9月8日，大生分厂召开第一次股东会，张謇被推举为首任总理。1935年，大生分厂进行清算，以40万元拍卖给扬子公司。

大生分厂的档案管理也是由银钱帐房负责。《银钱帐房章程》规定：

> 购买厂基之地，坐落、方向、户名、亩数，一一查契，按年月抄记编号，专列一册，附系以图，开河、垫土、筑路工价，一并隶入；建造全厂房屋及工房、市房，位置、方向、高广深尺寸、土木铁石工料价值，按进分晰开列，专列一册，附系以图，厂外桥闸各工，一并隶入；机器分别山西、英国所购名件及修配件数、价值，断自全机装完为止，分别查明，专列一册，备件亦断自全机装完为止，一并隶入。以后归工料帐房汇报，另册存记；办事处、花行、批发所、洋匠机匠房等处，一切常用器物备齐后，分别查明所在及件数、价值，专列一册。[③]

① 张謇：《拟江宁贡院不留之屋售于公园事例》，李明勋、尤世玮主编：《张謇全集》第4册《论说、演说》，第101—102页。

② 《哈华托来函（1906年1月11日）》，南通市档案馆藏，B404-111-6。

③ 《大生分设纱厂专章》，南通市档案馆藏，B403-111-8。

以上规定涉及大生分厂用地、房屋、机器等，这些是企业的固定资产和生产要素，在对它们进行维修、保养时会频繁查考相关档案。可见，大生纱厂档案管理和应用所总结出的经验会被应用到大生分厂或其他大生系统单位，并不断对档案管理制度进行补充完善。

四、大生档案的文献价值和文物价值

斗转星移，这些曾在激烈的市场竞争中产生并发挥作用的档案，如今安静地置身于南通市档案馆的204库房里。经过时间的沉淀，大生档案作为凭证和参考的价值渐渐褪去，历史文献和文物价值逐渐凸显。

（一）透过大生档案，后人基本能了解张謇所创事业的沉浮及其对南通乃至中国所作的贡献。

按照南京大学茅家琦教授的观点，大生档案“是张謇留下的研究中国民族资本主义企业和民族资产阶级的最完整的一份资料”[①]。大生档案内容上具有完整、系统的特点，体现在两个方面：一方面是全面反映了张謇以大生纱厂的成功创办为基础，将产业链延伸至盐垦、交通、金融等行业，进而倡导和捐资教育、慈善公益事业，全面地规划和建设南通的过程；另一方面，大生纱厂、通海垦牧公司这些核心企业的账略、股东会议事录、号信、账簿、股东名册等，基本被系统地保存下来，为企业的微观研究提供翔实的数据。

大生档案是中国人自强、奋进、崛起的真实记录，记录了以张謇为代表的先驱者，在中国现代化道路上的探索历程。

（二）大生档案深具文物美感和历史韵味。

大生档案还给后人带来形式的美感。大量精美的手写书法，带给现代人艺术的享受。英文、法文、日文形成的合同、书信、账单，让人感受到

---

① 茅家琦：《序》，南通市档案馆、南京大学历史研究所、南京大学留学生部江南经济史研究室、江苏省社会科学院经济史课题组编：《大生企业系统档案选编（纺织编Ⅰ）》，南京大学出版社，1987年。

大生企业的国际化程度。书信上的谦语，带我们走入当年的语境，体会时人的风范和气度。

沧海桑田，千帆过尽，张謇创办的大量事业，其曲折历程都物化在这些无言的档案里。相当数量的大生档案已是百年高龄，兼具历史价值和文物价值，已经由企业的资产转化为社会的共同记忆，成为研究张謇的企业家精神、南通近代史乃至中国近代史的重要依据。

南通市档案馆于2016年启动大生档案申报世界记忆工程的前期准备工作，聘请华中师范大学中国近代史研究所田彤教授担任顾问。田教授认为，大生档案记录了“南通模式”的中国城市近代化的发展历程，记载着张謇“以人为本”的“儒家”经济伦理的形成过程，记录了张謇把中国传统管理智慧与外国资本、技术结合，发展大生集团产业链的进程，在中国近代化、世界一体化的历史记忆中，具有唯一性、完整性、不可再生性及世界意义。

五、大生档案入藏南通市档案馆的经过

1949年5月27日，上海解放，中国社会发生巨变，大生企业的营商环境随之迎来变化。1952年年底，大生上海联合事务所向上海市有关部门申请撤销，在12月25日给向上海市工商局的申请书中，提到撤销的原因：“本两公司上海联合事务所经常业务，原为销售成品，收购原料、物料、燃料，曾向上海市人民政府工商局登记，领有登字第0122626登记证在案。近以纱布早经统购，机物料又已委托苏北财委购办，是以上海联合事务所，已无设立必要。”[①]经济体制发生巨变，联合事务所退出历史舞台是必然结果。联合事务所30名职工，除一人年老退休，其余人员分别调至大生第一纺织公司和第三纺织公司工作。

1953年1月26日，上海市老闸区人民政府老歇53字第03874号通知，称1952年12月26日大生第一、第三纺织公司来文已悉，原则同意将大生

---

① 《上海市人民政府工商局企业歇业、解散、撤销登记申请书（1952年12月25日）》，南通市档案馆藏，B401-111-1015。

上海联合事务所撤销[①]。7月3日，上海市委机关报《解放日报》刊登《公私合营大生第一、第三纺织公司撤销上海联合事务所启事》："本两公司上海联合事务所，已不合当前生产需要，业经予以撤销，所有该所未了事务，概由我两公司负责处理。除已报请上海市老闸区人民政府撤销登记，并奉到老歇53字第03874号通知同意外，特此启事。"以往大生沪所登载启事的《申报》《新闻报》《时报》早已成为历史，大生沪所从此也成为社会记忆的一部分。

随着大生沪所的撤销，大生档案也启动回归南通的步伐。大生档案中保存了1953年9月编的《沪所文卷总目录》，是当年整理出的部分大生档案的目录，包括整字第1号至整字第20号，共计1328宗。目录后面还有附注：

> 1. 整理前沪所文件，于1953年8月成立工作小组，即开始进行整理，一、三两公司均派员会同参加工作，至9月26日止，计工作三十天，全部文卷整理完成，共计整理文卷1328宗（编有沪所文卷目录），重行分装12个大箱（编有卷箱目录）。
>
> 2. 此次整理中提出三公司文件全卷15宗352件，又于各项文卷中抽出关于三公司文件137件，另抄件32件，共计521件，编有三公司接收文卷清册和目录一式二份，一份交一公司存查，一份交三公司收执。
>
> 3. 三公司文件521件，当即点交严孝圣同志接收，装二箱携往三公司。[②]

根据附注"一、三两公司均派员会同参加工作""重行分装12个大箱"推断，大生沪所所存的大生档案，应该在1953年8月之前，装入大箱从上海运到南通，在大生第一纺织公司进行初步分类整理，再重新装箱。附注提到有关大生第三公司的文件点交后，由严孝圣携回大生第三公司，如果

---

① 《上海市老闸区人民政府通知（老歇53字第03874号）》，南通市档案馆藏，B401-111-1015。

② 《沪所文卷目录》，南通市档案馆藏，B401-111-1018。

是在上海整理的话，应该是第一公司和第三公司分别携回各自公司，才比较合理。

这次整理，严格来讲只是完成了档案整理的前序工作，文件材料未被固定顺序，更谈不上成卷。但这是大生档案形成史上的重要阶段，通过这次整理，将构成大生档案主体的沪所文件材料进行梳理，基本摸清这部分文件的家底，有了初步的目录，为后续的整理打下基础。

需要指出的是，这个目录没有涵盖从沪所运回材料的全部，1960年南京大学历史系师生到大生第一纺织公司整理档案，在1953年9月编的《沪所文卷总目录》后面，加入整字第21号（1909—1952年各项工作补选）和整字第22号（补编文卷）。其中整字第21号共编顺序号44号，计143本；整字第22号，共编顺序号59号，有的注明本数和扎数，有的没有标注。另外，南大历史系在原有的整字第20号中，续列第19编号，为1946—1949年的信件回单，共8本。

1960年南大师生对大生档案的整理，是真正意义上的大生档案的第一次系统整理，拟写案卷题名，编制档号，对每卷档案的内容作简要说明，共整理成1203卷。

1962年1月，江苏人民出版社副社长蔡暹和扬州师范学院历史系教师祁龙威、姚能等人到访南通，与时任南通市副市长曹从坡商谈。他们的目的，是建议扬州师范学院历史系师生利用假期时间，来南通整理大生档案，编成资料，由江苏人民出版社出版。曹从坡对此表示赞成。这个提议最后没有得到落实，但促成《张謇日记》的出版和曹从坡《张謇的悲剧》的撰写，最重要的是推动了大生档案向南通市档案馆的集中。其后，曹从坡提出，把大生档案集中到档案馆来。

1962年春，鉴于大生档案处于无专人管理状态，大生一厂又缺乏良好的保管条件，在曹从坡的主持下，存放在大生一厂的大生档案首先移交给市档案馆。时任南通市委秘书长的朱剑于1962年3月10日给任职于南通市革命史料编辑室的穆烜的信里提道："一厂的档案资料，已拟于最近几天运来市档案馆，公安部门调去的部分，老杨打算去看一下，也设法统一存于档案馆，以求一公司档案之完整性。"[①] 1962年5月，暂存上海的剩余大

① 《朱剑致穆烜函》，南通市档案馆藏，F070-311-10。

生档案由大生一厂的党办秘书洪国辉从上海运往南通，直接入藏南通市档案馆。

1962年两次档案进馆，奠定了大生档案的基本内容框架。在1963年1月4日穆烜给朱剑、江行、曹从坡的信中，可以了解到大生档案的集中情况：

> 大生档案的集中工作已经基本完成，除上海和一厂的已于去春运来档案馆外，分散于公安局、三厂、财政局和房地产公司的也已分别接收。现正开始整理。过去南大整理了一批，共立一千几百个卷，但比较乱，质量不高，如重行拆开来整理，则花人力太多，只好原卷不动。未整理部分，约八十皮箱，其中账册居半。文件如全部立卷，大约也近千卷。现在账册经逐箱清理，已排好次序；由于其作用我们还不能简单地加以估计，因此暂时全部保存，将来恐怕要请教专家，才能定其弃取。文件部分，已由我和曹钧二人开始整理。工作步骤包括鉴别、分类、排次、标题、立卷、装订，最后，要与南大整理的部分合并起来，重行编目上架。其显而易见，没有什么用的，则在整理过程中剔除，作为废纸处理。估计全部工程，可在半年内完成。以后条件许可时，我建议还是要设法添一部分木橱，使档案上架。皮箱则可作价出售，或另作他用。这样，既有利于档案之保管收藏，也便于使用。①

据南通市档案馆1982年12月的《大生集团档案目录》介绍：目录号0、6、7三部分的档案系“文革”后期整理，目录号6、7两部分所收为大生企业董事会、盐垦公司等单位的材料，当时并入第二全宗，实际上破坏了六十年代初所拟定的体例；0号目录的“0”，实为“临”的误字，这部分所收多为信底杂件，当时作“临时保管”处理的，后来的整理者发现其中有不少有价值的材料，遂改“临”为“0”，并将这部分移至卷首。

大生档案在动乱岁月里，竟然还能有机会得到进一步的整理，实属万

① 《穆烜致朱剑、江行、曹从坡函》，南通市档案馆藏，F070-311-10。

幸。二十世纪八十年代初，南通市档案馆启动第三次大生档案的整理，这也是大生档案全面对外开放之前最后一次系统整理。

作者通信地址：江苏省南通市世纪大道6号行政中心档案馆，邮编：226018。

责任编辑：孟颖佼

国家图书馆藏近代日本对华调查资料述略*

郭传芹**

摘　要：近代日本对华展开了一系列调查活动，产生了大量的调查资料。这些调查有其明确的政治和军事目的，借助调查所获得的情报信息来实现其阶段性对华政策目标，以达到占领、吞并中国的最终目的。这些资料是研究日本侵华不可或缺的重要史料。本文以国家图书馆藏日本对华调查资料为考察对象，从馆藏现状及来源、各类调查资料的特点与价值、整理出版和数字化建设等方面展开阐述，以推进相关整理和研究工作。

关键词：对华调查；中日关系；情报；国家图书馆

中日是地理邻近的两个国家，历史上，日本曾多次派出使者学习中国的制度和文化。近代以来，随着列强的入侵，积弱的中国对日本来说是一面镜子，为达到富国强兵的目的，日本实行明治维新改革。在此过程中，其确立了针对中国的大陆政策，把中国作为假想敌，为此开展了一系列对华调查活动。这些调查为其制定不同时期对华政策提供了重要的情报信息，是其侵华方针制定与推行以及对占领区统治的重要依据。调查内容包括中国社会的方方面面，这使得日本政府得以全面窥悉中国，进而觊觎中国，最终发起全面侵华战争，妄图灭亡中国。这些数以万计的调查资料，有很多属于机密甚或绝密性质，日本战败后曾将一些绝密资料付之一炬，以销毁侵华罪证。目前存世的调查资料，主要保存在中日两国。本文以国家图

---

*　本文系国家社科基金抗日战争研究专项工程项目“日本对华调查档案资料整理和数字化”（项目编号:16KZD013）的阶段性成果。

**　郭传芹（1978—　），女，国家图书馆研究馆员。

书馆藏近代日本对华调查资料为考察对象，对存藏状况、资料来源、文献特点与价值、整理出版和数字化情况进行全面考察，以进一步推进相关整理和研究工作。

一、文献概况与馆藏来源

1.文献概况

近代以来日本开展的针对中国的调查活动，逐渐形成了以官方为主导、民间力量广泛参与的“官民一体”的格局，也是近代日本国家情报体系的一个重要特点[①]。根据调查活动参与主体的不同，可以大致分为四个方面：一是政府部门的调查，包括外务省（含日本驻华领事馆）、农商务省、大藏省等明治以来政府的主要职能部门，战时设立的企画院、兴亚院、大东亚省等，以及台湾总督府、关东都督府、伪满洲国民生部劳务司等殖民机构和日伪机构；二是军部的调查，包括日本的陆军、海军、参谋本部以及发动侵华战争后，驻扎在中国的关东军、驻屯军等部队对当地的调查等；三是民间组织与企业的调查，包括在华日本人商业会议所、日清贸易研究所、东亚同文书院、亚细亚协会、东邦协会等“兴亚”团体和南满洲铁道株式会社（下文简称“满铁”）、三井物产、三菱商事、大仓组、横滨正金银行、台湾银行、中日实业公司等；四是个人调查，包括早期浪人、商人、学者、特务间谍等的调查。

通过梳理馆藏，发现以上四大调查主体的调查成果国图皆有收藏，各类调查资料馆藏量并不相同。总体而言，总藏量大约为1.3万余种3万余册，其中以满铁资料藏量最大，约8000种2万余册。具体情况如下：

（1）政府部门的调查资料馆藏约1900种。其中，日本外务省及驻华领事馆调查资料约有600种，这些馆藏文献中，最早的是1902年由外务省通商局编纂的《清国商况视察复命书》，这部分调查资料的时间跨度为1902—1945年。农商务省是日本政府的重要经济部门，其有关中国的调查档案资料主要集中在经济贸易、产业发展等方面。经筛查，农商务省调查资料馆藏约有150种，收录的年份从1884年至1943年，主要是由农商务省

① 王力：《政府情报与近代日本对华经济扩张》，中国人民大学出版社，2013年，第35页。

下属的工商局、水产局、矿山局等重要部门开展的对华调查。大藏省的调查资料收藏相对较少，约有20种。企画院是日本发动全面侵华战争前期内阁直属的部门，主要负责设定、实施物资动员计划，呈报重要政策立案。馆藏中企画院的调查资料约有60种，主要是东京企画院、日本国务院总务厅企画处及各新闻、出版社的对华调查资料。兴亚院是抗日战争时期日本内阁设立的专门负责对华事务的机构，它进行了大量的调查活动，为日本对占领区的统制提供了重要情报信息，馆藏调查资料约400余种。殖民机构以及日伪机构的调查资料约700种。

（2）日本军部的调查资料馆藏约有1000种，包括陆军、海军、参谋本部以及驻屯军开展的各类以军事扩张和侵略为目的的调查，馆藏最早的军部调查资料是参谋本部1883年编辑的《支那地志》，资料的时间跨度为1883—1944年。

（3）民间组织与企业的调查资料馆藏量最大，约有1万种。其中为学界所熟知的有满铁调查和东亚同文书院调查资料。满铁调查馆藏量前文已有述及，东亚同文书院调查资料馆藏约有1800种，时间主要集中于1927—1943年。除此之外，还包括日清贸易研究所、东亚同文会、三井物产、横滨正金银行以及商业会议所等组织和公司，这类调查资料较为分散，馆藏约500种，时间上从清末直到日本战败。

（4）个人调查方面，约有百余种。近代日本来华人员数量多且情况复杂，除政府官员外，还有商人、记者、间谍、学者、军人等各类人。他们到中国后多以游历的形式到各地开展调查，足迹遍布各地，采访会见各界的名流闻人，或在大杂院里一住经年，撰写了大量游记、报告、访谈录等，这些文献都具有一定程度的情报价值[①]。这部分资料散藏在普通日文文献中，目前经过梳理整理出百余种，时间从1894年荒尾精的《对清意见》到1945年日本战败。

2.馆藏来源

根据相关史料记载，国图所藏近代日本对华调查资料主要来源自三个方面：一是采购；二是战后接收在华日本文化机构的藏书；三是新中国成立后相关单位调拨或赠送。其中后两者是该部分资料来源的主要构成。

---

① 桑兵:《交流与对抗:近代中日关系史论》,广西师范大学出版社,2015年,第23页。

第二次世界大战日本宣布投降之际，当时的国民政府命令中国陆军总司令部负责收复区的敌伪资产接收，后又转归国民政府行政院负责，“将全国分为平津区、苏浙皖区、闽桂粤区、东北区四区”，敌伪图书文物属于敌伪财产，理应予以没收，“作为中国抗战损失补偿一部分”[①]。与此同时，国民政府教育部也成立了清理战时文物损失委员会平津区特派员办事处，又设立平津区敌伪图书处理委员会[②]，专门负责接收处置平津地区日本和敌伪组织的图书的工作。当时的北平图书馆馆长袁同礼是该委员会的主要成员之一，负责接收在北平的日本图书保存会、东方文化协议会、兴亚院等6个单位的藏书，约40余万册[③]。经报教育部批准，日文正本文献由北平图书馆收藏，复本拨交其他图书馆或研究机构收藏。其中明确记载了兴亚院（主要是华北联络部）的资料交由国图的前身北平图书馆收藏。这批日文文献的入藏大大充实了馆藏日文种类和数量，北平图书馆在此基础上提出建立“日本研究室”，并设立日本文库，与当时迁回北平的北京大学等高校合作，加强对日文文献的整理、研究和使用。

接收的这些文献除了兴亚院调查资料外，还有日本图书保存会、东方文化协议会等日本在华机构收藏的各类对华调查资料以及久下司、桥川时雄等人的收藏。通过查阅馆史资料以及藏书章，兴亚院调查资料除了上述来源外，还有一部分是由当时的国立中央图书馆转交来的东亚同文书院收藏的兴亚院调查；另有一部分是新中国成立后，由全国人民代表大会常务委员会图书馆赠送的兴亚院华中联络部部分藏书。关于馆藏满铁资料来源，除原系国立北平图书馆所藏之外，还包括原收藏于全国人大图书馆、沈阳铁路管理局图书馆、国立南京图书馆、吉林省立长春图书馆等的资料[④]。东亚同文书院的旅行日志和调查报告则主要由南京图书馆调拨而来[⑤]，这些资料最初也是二战后接收上海东亚同文书院及其藏书而来。其余对华调查的

---

① 孟国祥：《战后接收日本在华图书文物述要》，《日本侵华南京大屠杀研究》2020年第3期，第43页。

② 《平图书处理委会昨开会交换意见》，《经世日报》1946年8月31日，第4版。

③ 李致忠主编：《中国国家图书馆馆史资料长编：1909—2008》（上），国家图书馆出版社，2009年，第390页。

④ 路国林：《国家图书馆所藏满铁资料概述》，《图书馆学刊》2005年第1期，第65—66页。

⑤ 苏维：《东亚同文书院藏书考述》，《科技情报开发与经济》2011年第27期，第72—75页。

大部分资料是接收战败后日本的藏书以及新中国成立后通过调拨、赠送等方式获取，逐渐形成了现在的馆藏格局。从馆藏章看，这些资料曾存于满铁华北经济调查所、满铁华北事务局调查室、满铁上海事务所、满铁奉天事务所、满铁天津事务所、满铁北满经济调查所、东亚同文书院、东亚文化协议会、日本图书保存会等机构。

二、文献特点与价值

国家图书馆所藏日本对华调查资料虽具有一定规模，但相较于规模庞大的日本对华调查体系来说仍然只是很少的一部分。相对成体系收藏的资料主要有满铁调查、东亚同文书院调查和兴亚院调查。其余诸如外务省及领事馆调查，军部调查，各类企业和民间组织以及个人调查，则分散藏于数以万计的普通日文文献中，亟需系统整理。因各类调查较为繁杂，限于篇幅无法一一论述，择要简述如下：

1.满铁调查

满铁资料多是当年从战败国日本手里接收的，几经馆舍迁移，图书搬迁，目前集中存放管理的约1.3万册，其余部分则分散在其他日文文献中。就集中保存的这部分资料来看，状况堪忧，纸张严重老化酸化，部分资料装帧相对简单，出现散页、缺页现象。这些资料既有调查报告也有满铁出版、收藏和使用的各种文献，既有正式出版物也有非正式出版物。非正式出版物包括油印本、打印本、手写本等形态的资料，多是满铁内部刊物，包括专题资料、会议记录、年报、月报、目录等。从内容上看，调查涉及的范围非常广泛，对我国东北乃至全国的自然地理、矿产资源、政治、军事、法律、外交、经济、交通、宗教、风俗习惯等情况都有详细的调查。其调查采取文献调研与实地踏查相结合的方法，调查报告翔实细致，为日本军事行动和对华策略提供了可靠的信息支持[①]。此外，由于其调查人员包含各个学科的专家，“而且深入第一线实地调查的人员，多半是学有所长，训练有素的高级专家学者”，满铁调查的范围一定程度上已超出日本占领

---

① 杨子竞：《从满铁调查部到野村综合研究所——日本脑库的演变》，《情报资料工作》1995年第4期，第41—43页。

军当局所直接关注的内容，可视作“众多专家学术性努力的成果”，有着很高的学术价值和文献价值[①]。

2. 东亚同文书院调查

东亚同文书院是近代日本在中国上海创建的以招收日本学生为主的大学教育机构，在学生毕业时组织他们在中国境内开展大旅行调查，形成了调查报告和日志。这些资料是独立存放、集中保存的，绝大多数都有统一装订，保存状况良好。调查资料都是书院学生的稿本或者复写本。撰写所用纸张都有统一格式。每期学生旅行结束都会将调查成果做5份抄本，“分别提交给参谋本部、外务省、农商务省，在东亚同文会、同文书院也各保存1份”[②]。国图所藏调查报告和日志从时间上看，主要集中于1927—1943年，是国图的独有馆藏。这些资料保留了更多一手信息，包括作者的修改痕迹、初始思路、旅行杂感等内容。因此，这些旅行成果的稿本或复写本具有更重要的资料价值和研究价值。

3. 兴亚院调查

兴亚院是抗日战争时期日本内阁设立的专门负责侵华事务的机构。1938年12月正式成立，至1942年11月并入大东亚省，由日本首相任总裁。兴亚院通过直接主持或委托其他机构、个人等形式，在占领的中国领土上进行了大量的秘密调查，并撰写了大量翔实的调查报告，这些报告在战时多作为秘密资料在侵略机构内部流通，其中一部分调查资料在抗日战争结束后被中国接收。国图所藏的这部分资料，在历史上来自兴亚院华中联络部、上海东亚同文书院、日本图书保存会等多个收藏机构的秘藏[③]。兴亚院开展的大量调查，为日本制定侵略政策、维持占领区统治提供了依据。

4. 外务省及领事馆调查

日本外务省及其派驻的驻华领事馆也进行了大量的调查，其开始的时间最早，持续的时间最长，在近代日本对华调查工作中处于开拓者和领路

---

① 曹幸穗：《满铁的中国农村实态调查概述》，《中国社会经济史研究》1991年第4期，第104—109页。

② ［日］薄井由：《东亚同文书院大旅行研究》，上海书店出版社，2001年，第61页。

③ 李晓明主编：《近代日本对华调查档案资料丛刊第五辑：兴亚院调查》序言，国家图书馆出版社，2021年。

者角色，也体现了日本政府对情报搜集、利用工作的重视。外务省以及驻华领事馆的调查资料现在大多收藏于日本外务省外交史料馆。国图所藏大多来源于接收日本战败后在华机构的藏书，藏量不大且散藏于各类日文文献中，但仍然值得进行深入整理和研究。日本外务省自设立开始，就注重情报搜集，并逐步规范领事报告制度。调查工作主要由其下设的情报部、调查部和通商局等部门具体负责。国图所藏部分侧重于对中国经济、政治、思想文化及其制度等方面的调查。日本驻华领事馆的调查，以上海领事馆的调查居多，主要由其下设的特别调查班负责，侧重于经济调查，包括战时经济；同时驻华领事馆还密切关注中国共产党的动向，馆藏中也有一部分关于中国共产党的调查资料。

5.日本殖民机构调查

日本殖民机构如台湾总督府也开展了大量的调查工作，在其对台湾近半个世纪的殖民统治中形成了一系列关于台湾土地人口、风俗习惯、经济资源、货币财政、文化教育、宗教卫生等各个领域的调查资料。这些调查为日本对台湾的殖民统治政策的制定提供了重要依据，是研究日据时期台湾情况的重要史料。此外，台湾总督府调查范围并不局限于台湾，东南亚以及中国南方都成为它的调查对象。例如他们对海南岛进行了专门的调查，形成了《海南岛志》《海南岛植物志》《海南岛的农林业概况》《海南语初步》《最近的海南岛事情》《海南岛家畜寄生虫调查报告》《南支那民俗志：海南岛篇》《海南岛学术调查报告》等调查成果。

6.军部调查

日本军部是近代日本军国主义的策源地，包括陆军省、海军省、参谋本部等，是发动对外侵略战争的军事指挥枢纽，独立于政府和内阁之外，直接对天皇负责。长期以来军部对中国开展了大量情报搜集调查工作，调查内容多与军事相关，以搜集军事情报、进行地图测绘为主。调查主体包括日本的陆军、海军、参谋本部、驻屯军、派遣军以及为军部服务的末次研究所等。军部调查工作本身是极其秘密的，相关文件在当时就受到严格管制，且有部分绝密文件用后就被销毁，所以保存下来的就很少。“更重要的是日本战败时有组织地毁灭了大量机密文件。据日本学者研究，1945年8月14日日本政府在决定接受波茨坦公告的同时，决定烧掉重要机密文件。大本营陆军部、参谋本部、陆军省所在地市谷和大本营海军部、军令部、海军省所在地霞关从14日下午到16日一直为焚烧文件的浓烟所笼罩。”[①]这样，日本战败时，其本土陆海军公文文件大部分都被销毁。而在海外，由于日军战败，仓促间未来得及销毁的资料得以保存下来。国图所藏军部调查资料主要为参谋本部、陆军省、海军省以及日本的派遣军、关东军、守备军、驻屯军等各个部队系统的调查资料。各系统都设有专门从事调查工作的部门，就馆藏所见主要有：参谋本部的陆地测量部，陆军省的情报部、调查班、新闻班以及特务机关，海军省的水路部、航路部等。调查内容包括与军事密切相关的矿产、交通运输、治安管理、物资以及中国人的民族特性等。其中地图资料占有一定比例，主要由日本海军省的水路部和航路部非法测绘而来，用于制作兵要地图，直接服务于军事侵略。海军省的调查重点为沿海城市以及海南岛的地理状况，包括当地的物产以及进攻策略等。这些资料对研究日本军部侵华政策的制定及其实施过程具有重要价值。

7. 其他各类调查

除上述调查外，日本商工会议所在中国各地设立的分支机构也从事大量调查工作，与日本外务省、农商务省等政府部门有着密切的关系，起到了沟通地方商工会议所和政府部门、议会的作用。在华日本商工会议所的活动主要包括商情通报、贸易斡旋、纠纷调停、证明鉴定、商业调查及编纂、贸易统计、政策提议以及各类咨询服务等，商业调查是其中很重要的一部分。国图藏有上海、天津、大连、青岛、广东、开封、徐州、张家口商工会议所的调查资料，以经济和商业调查为主，这些文献中有一部分于1937年以后出版，反映了日本商工会议所随着日军侵略在华不断渗透的情况。除此以外的各类企业和民间组织的调查规模相对较小，他们大多是按照组织目的或企业发展日标开展符合自身利益的调查活动。此外，个人调查方面，多数是以游记或者专题著作的形式出现，也是近代日本对华调查体系的一个重要组成部分。

这些对华调查资料，在近代日本的历史发展进程和对外侵略战争中发挥了非常关键的作用。从明治政府开始，日本逐渐加强与中国的交往，但这种交往更多伴随着日本对中国的窥探。在“富国强兵、殖产兴业、文明

---

① 许金生：《近代日本对华军事谍报体系研究：1868—1937》前言，复旦大学出版社，2015年。

开化”的国策下，日本对华调查最初始于经济领域，为国内资本主义发展服务，同时积极扩张对华经济，挤占中国市场，慢慢发展为掠夺中国资源，直接为战争服务，“日本的经济情报工作对日本的近代化和战后经济崛起都起到了非常重要的作用”[①]。与此同时，开展强兵计划，积极学习西方军事制度，伴随而来的军事扩张思想表现在实际行动中则是派遣军人或者间谍对中国开展军情调查，包括收集中国军队战力情况、搜集中国地理知识、盗绘地图等。比如国图藏1882年岸田吟香辑录的《清国地志》、1883年日本参谋本部编纂的《支那地志》等，这些都是早期日本对中国开展的军事调查。再到后来人们所熟知的东亚同文会、东亚同文书院、满铁调查等等。这些调查机构和部门，有些是直接实施了日本侵华政策的，如满铁、军部、关东军等[②]。日本对华调查，是基于日本侵略需求，服务于战前与战争时期其对中国的战争策略和资源掠夺等目的的。

三、文献整理与数字化

1.摸清馆藏资源，制定整理计划

一直以来，国家图书馆非常重视日本对华调查文献的整理工作，早在战后接收日伪图书文献资料时，就曾制定整理计划，并上报当时的教育主管部门。之后组织专人对数以万计的日文图书资料进行分类整理和编目加工。新中国成立初期，为服务于社会主义经济建设和科研工作，当时的北京图书馆设立了东方语文编目组，继续组织专人对日文文献进行整理，相继出版了《北京图书馆馆藏有关中国矿业调查日文资料选目》《北京图书馆藏中国经济日文资料参考书目》等专题文献目录。改革开放后，随着电子信息技术的发展，国图制定联机目录编制规划，实现了所藏日本对华调查资料联机目录数据编制和检索功能，极大地便利了读者对文献的利用。同时通过馆级项目的设立，支持日本对华调查资料的整理和研究。进入21世纪以来，随着抗日战争研究广泛深入的开展，在深化日本军国主义侵略历史的认识上需要我们不断挖掘新的历史资料，以深刻揭示日军侵华的历

① 王力:《政府情报与近代日本对华经济扩张》,中国人民大学出版社,2013年,第1页。

② 转引自臧运祜:《近代日本亚太政策的演变》前言,北京大学出版社,2009年。

史过程及其战争罪行。这一时期，国家图书馆结合信息和数字技术的发展，通过整理馆藏目录、策划选题、重点项目推进等方式进一步加强日本对华调查资料的整理出版和数字化工作。

2.确定重点，开展专题整理

近些年，国家通过设立抗日战争研究等领域重大课题，进一步推动了相关资料的整理和研究。国家图书馆结合国家重大课题和学术研究方向，积极推进日本对华调查专题文献的整理出版工作，将日本对华调查资料原貌系统地呈现在公众面前，使文献化身千百，服务于学术研究。

书目整理方面，参与编纂了30卷本的《中国馆藏满铁资料联合目录》（东方出版中心，2007年）。该书由全国50多家相关收藏单位共同合作，历时十年完成，系统收录了国内绝大部分满铁资料目录近28万条（中、日文22万余条，西文、俄文及其他外文5万条），是一部意义非凡的工具类图书。国图由此对馆藏满铁资料进行了一次系统整理。

专题文献整理方面，按照分层逐步推进原则，逐项开展。首先，制定规划，了解日本对华调查活动的历史背景，通过研读有关研究论著，充分了解和掌握调查活动的整体情况，了解不同调查主体的历史活动轨迹及其调查内容。其次，梳理馆藏文献，整理制作书目信息。通过这些基础性工作，我们确立了重点选题方向，以东亚同文书院调查、兴亚院调查、满铁调查为整理的着力点。经过几年的努力，整理成果相继出版，获得了学界的广泛关注。《东亚同文书院中国调查手稿丛刊》（全200册）于2016年整理出版，同时出版的还有《东亚同文书院中国调查手稿丛刊：总目、索引、附录》，这是国内关于东亚同文书院调查资料的首次全面系统整理。该《丛刊》包括旅行日志76卷，调查报告124卷，“涵盖了将近2000名调查人员撰写的约1000本旅行日志手稿和800余本调查报告手稿”[①]，是了解东亚同文书院历史、研究其对华调查内容及其与日本侵华关系的重要一手资料。馆藏兴亚院调查整理方面，《近代日本对华调查档案资料丛刊第五辑：兴亚院调查》（全60册）于2021年出版，这是耗时两年、在全面摸查馆藏基础上系统整理的成果，也是兴亚院调查资料在国内的首次大规模出

① 李强：《〈东亚同文书院中国调查手稿丛刊〉的出版及其价值》，《抗日战争研究》2017年第1期，第157页。

版，较好揭示了兴亚院存续期间在华调查活动的概貌，是研究战时日本侵华政策以及沦陷区统治的重要资料。在满铁资料整理方面，由于满铁已有整理成果非常丰富，为避免重复建设，需做文献选目查重工作，选取国图特有的满铁资料进行整理出版，以进一步补充现有的整理成果。此外，我们还整理出版了《民国时期社会调查资料汇编》等系列出版物，其中包含了部分日本对华调查资料。目前正在开展军部、日伪殖民机构、各类企业和民间组织以及个人调查的全面整理工作。期望为学术界提供更加丰富的日本侵华战争研究、中日关系研究等方面的史料，推进相关领域研究的深入开展。

3.数字化建设

在整理出版的同时，国家图书馆积极推进日本对华调查数据库平台建设，约40万页调查资料已完成数字化。数字化建设以馆藏资源为主，同时着眼于资料的完整性，通过合作或者资源购买方式，丰富数字资源种类。例如：在“东亚同文书院调查资料数据库”建设过程中，除了发布国家图书馆藏13万余页东亚同文书院对华调查资料外，还将日本爱知大学所藏15万余页东亚同文书院早期对华调查资料收录其中，建成了东亚同文书院调查资料的完整数据库。为了更好地揭示调查内容，数据库著录了子目数据，包含章节号、章节名、章节层级目录、页码等多项信息，在数据库中实现子目和对象数据间的跳转等功能，并提供资源对象数据的全文阅读。在“满铁”数字资源建设中，除了馆藏满铁调查资料外，还通过与中国社会科学院近代史研究所合作，将该所的特色馆藏“满铁剪报”档案资料收录进来。目前正在开展兴亚院调查资料的数字化建设工作。

在资料整理和数字化建设过程中，存在着一些难点。例如：在内容方面，调查资料中涉及边疆、宗教、民族、政治、人物以及日本军部盗绘的地图等，内容较为敏感，这些资料应如何整理，怎样充分利用，在符合相关政策规定的前提下也需要我们不断探索研究。全面系统整理日本对华调查资料，既是对国图馆藏资源的发掘利用，也是全面客观认识近代日本对华政策及其发动侵华战争过程的必然要求。

四、余论

近代日本对华调查体系庞大，资料浩繁，学术研究价值高，更由于其与日本发动侵华战争的特殊关系，一直以来都是研究日本军国主义历史及其对华政策的重要参考。新中国成立初期，中国学术界就已启动相关整理出版和研究工作。最早的整理工作是从满铁资料开始的，到20世纪80、90年代，随着更多调查资料的发现，更多学者和机构投入其中。

进入21世纪后，尤其是近十年，国内在日本对华调查资料的整理出版与研究方面取得了长足发展。在满铁调查研究、东亚同文书院调查研究、外务省及驻华领事馆调查研究、兴亚院调查研究以及日本军部调查研究等方面都取得了很多成就。例如：对满铁调查的研究有解学诗《满铁与华北经济》、武向平《满铁与国联调查团研究》等；王力《政府情报与近代日本对华经济扩张》一书，以日本外务省调查资料为研究基础，揭示了日本政府主持的对华经济调查及其目的与影响；关于日本军部的调查，主要著作有许金生的《近代日本对华军事谍报体系研究：1868—1937》；国内对兴亚院的研究主要有房建昌的《日本兴亚院蒙疆连络部与蒙古善邻协会西北研究所始末及其对西北少数民族的调查研究》，臧运祜《“兴亚院”与战时日本的“东亚新秩序”》等文章。在资料整理出版方面，除了上述国家图书馆所做的整理工作外，国家图书馆出版社联合国内多家收藏单位，推出了《近代日本对华调查档案资料丛刊》系列，将各主要收藏单位整理的日本对华调查资料分辑出版，这些收藏单位包括国家图书馆、社科院近代史研究所、吉林省社科院、黑龙江省图书馆等。此外，还有一些档案馆和学者投入到相关资料的整理和编译中，如：中国第二历史档案馆编纂的《日本对华调查档案资料选编》（全50册）及其《续编》（全50册）；许金生主编的《近代日本在华兵要地志调查资料集成》（全24册），周建波主编《东亚同文书院对华经济调查资料选译：1927—1943年（金融卷）》等。这些研究成果和资料的出版进一步充实了日本侵华历史研究和近代中日关系研究。

一直以来，资料整理都是开展相关学术研究的必要前提，资料丰富与否关系到学术研究的广度和深度。这就要求我们全面和深入整理相关历史资料，通过历史文献深刻揭示日本发动侵略战争的历史及其失败的必然结局。国家图书馆将继续推进日本对华调查资料的整理和数字化工作，在原有基础上，重点做好以下四个方面工作：一是加强书目的整理，对馆藏满铁藏书书目、东亚同文书院藏书书目进行整理，这些书目除了它们开展的调查资料外，还包括机构的藏书，很多藏书来自中国，反映了日本对待中国文化的态度，值得深入整理和研究；二是加强对调查内容的分类整理，日本对中国的调查范围广泛，内容丰富，尤其是全面抗战爆发后，日本政府及其派驻的各类机构进一步强化了调查力度，以达到“以战养战”“以毒养战”的目的，例如对战争物资的调查以及据此制定的物资统制计划，又如长期以来日本各机构开展的关于中国鸦片的调查，对其制定以鸦片毒化中国的政策密切相关[①]，对调查内容的分类整理，有利于我们更全面地认识某一类调查及其产生的结果，可对鸦片、金融、棉花、交通、铁路等方面进行专题分类整理；三是继续加强军部调查、民间组织以及个人调查资料的整理出版工作；四是同步开展数字化建设，提升知识服务水平。

对于日本对华调查所形成的历史资料，我们要一分为二辩证地看待。一方面，它为我们今天留下了近代以来有关中国社会各方面的记载，为今天的历史研究提供了重要史料；另一方面也要清醒地认识到调查主体的目的及其行为背后的真实意图。国家图书馆作为国家总书库，承担着国内外图书文献收藏和保护的职责，一直以来尤其注重馆藏建设和专题文献整理，充分发挥文献服务于国家立法决策和科学研究工作的作用，保存好、整理好近代日本对华调查文献是我们义不容辞的历史责任。

作者通信地址：北京市中关村南大街33号国家图书馆，邮编：100081。

责任编辑：吕若萌

① 关于日本在中国推行的毒品战，可参见韩华：《罪证——从东京审判看日本侵华鸦片战争》，中国言实出版社，2015年。